MINISTÈRE DE LA MARINE

DIRECTION MILITAIRE DES SERVICES DE LA FLOTTE

SERVICE DU PERSONNEL MILITAIRE DE LA FLOTTE
(BUREAU DES ÉQUIPAGES DE LA FLOTTE)

LOI DU 21 MARS 1905

SUR

LE RECRUTEMENT DE L'ARMÉE

Modifiée par les lois des 14 avril 1906, 16 juillet 1906, 10 juillet 1907,
14 avril 1908, 25 mars 1909,
22 mai 1909, 11 avril 1910, 13 mars 1912 et 30 mars 1912

Annotée et mise à jour jusqu'au 1ᵉʳ novembre 1912

PARIS

IMPRIMERIE NATIONALE

1912

LOI DU 21 MARS 1905

SUR

LE RECRUTEMENT DE L'ARMÉE

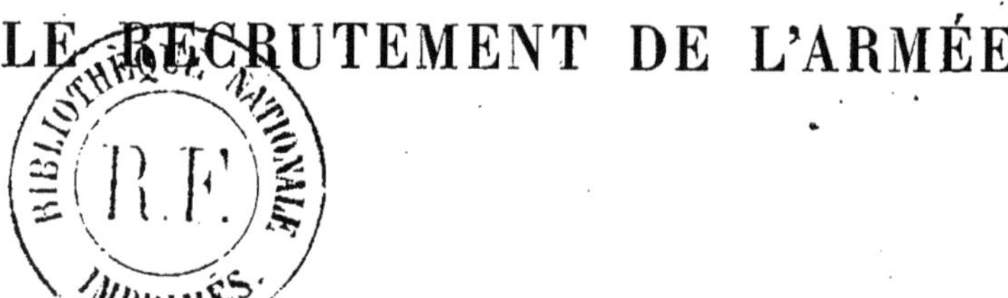

Marine. — **N° 5046** de la Nomenclature des documents.　　　1

RÉPUBLIQUE FRANÇAISE

MINISTÈRE DE LA MARINE

DIRECTION MILITAIRE DES SERVICES DE LA FLOTTE

SERVICE DU PERSONNEL MILITAIRE DE LA FLOTTE
(BUREAU DES ÉQUIPAGES DE LA FLOTTE)

LOI DU 21 MARS 1905

SUR

LE RECRUTEMENT DE L'ARMÉE

Modifiée par les lois des 14 avril 1906, 16 juillet 1906, 10 juillet 1907,
14 avril 1908, 25 mars 1909,
22 mai 1909, 11 avril 1910, 13 mars 1912 et 30 mars 1912

Annotée et mise à jour jusqu'au 1ᵉʳ novembre 1912

PARIS

IMPRIMERIE NATIONALE

1912

LOI DU 21 MARS 1905

SUR

LE RECRUTEMENT DE L'ARMÉE.

TITRE PREMIER.

DISPOSITIONS GÉNÉRALES.

ARTICLE PREMIER.

Tout Français doit le service militaire personnel.

ART. 2.

Le service militaire est égal pour tous. Hors le cas d'incapacité physique, il ne comporte aucune dispense.

Il a une durée de vingt-cinq années et s'accomplit selon le mode déterminé par la présente loi.

ART. 3.

Nul n'est admis dans les troupes françaises s'il n'est Français ou naturalisé Français, sauf les exceptions déterminées par la présente loi.

ART. 4.

(Modifié par les lois des 11 avril 1910 et 30 mars 1912.)

Sont exclus de l'armée, mais mis, soit pour leur temps de service actif, soit en cas de mobilisation, à la disposition des départements de la

Guerre et des Colonies suivant la répartition qui sera arrêtée par décret rendu sur la proposition des Ministres intéressés :

1° Les individus qui ont été condamnés à une peine afflictive ou infamante;

2° Ceux qui, ayant été condamnés à une peine correctionnelle de deux ans d'emprisonnement et au-dessus, ont été, en outre, par application de l'article 42 du Code pénal, frappés de l'interdiction de tout ou partie de l'exercice des droits civiques, civils ou de famille;

3° Les relégués collectifs et individuels;

4° Les individus condamnés à l'étranger pour un crime ou délit puni par la loi pénale française d'une peine afflictive ou infamante ou de deux années au moins d'emprisonnement, après constatation, par le tribunal correctionnel du domicile civil des intéressés, de la régularité et de la galité de la condamnation.

Pendant la durée de leur période d'activité après leur renvoi dans leurs foyers dans les circonstances prévues à l'article 47, et en cas de rappel au service par suite de mobilisation, les exclus sont soumis aux dispositions qui régissent les militaires de l'armée active, de la réserve, de l'armée territoriale et de sa réserve, tant au point de vue de l'application des peines qu'au point de vue de la juridiction, sauf application de l'article 197 du Code de justice militaire pour l'armée de terre.

Spécialement, les dispositions pénales édictées contre les insoumis et les déserteurs de l'armée sont applicables aux exclus, lorsque ceux-ci se rendent coupables des faits prévus aux articles 83 et 85 de la présente loi et aux articles 231 et suivants du Code de justice militaire pour l'armée de terre.

Les dispositions de l'article 39 ci-après leur sont également applicables dans les conditions indiquées au paragraphe premier dudit article. Toutefois, quel que soit le nombre des jours de punition passés en prison ou en cellule, la durée du maintien au service ne peut excéder une année.

Sont également exclus de l'armée et dans les conditions ci-dessus déterminées, les individus reconnus coupables des délits prévus par les articles 1, 2, 5, 8 et 9 de la loi du 18 avril 1886 sur l'espionnage.

Sont également exclus de l'armée, et dans les conditions ci-dessus déterminées, les individus condamnés à une peine de trois mois d'emprisonnement au moins pour diffamation ou injure envers les armées de terre et de mer (art. 30 et 33 de la loi du 29 juillet 1881), provocations adressées à des militaires dans le but de les détourner de leurs devoirs militaires et de l'obéissance qu'ils doivent à leurs chefs (art. 25 de la loi du 29 juillet 1881 et art. 2 de la loi du 28 juillet 1894), provocation à la désertion (art. 242, § 2 du Code de justice militaire), manœuvres ayant pour but de favoriser ou provoquer l'insoumission (art. 84 de la loi du 21 mars 1905).

____

Les dispositions de cet article sont intégralement applicables aux inscrits maritimes (art. 7, loi 24 décembre 1896. — Circulaire du 9 avril 1906, B. O.).

Les inscrits maritimes exclus métropolitains doivent être mis à la disposition du Ministre de la Guerre, les exclus coloniaux à la disposition du Ministre des Colonies. Voir arrêté du 30 juillet 1910 sur le service courant dans les Équipages de la flotte (art. 42 et suivants).

Affectation des marins aux sections d'exclus, par suite de condamnations pendant la présence au service ou pendant leur service dans la réserve (arrêté 30 juillet 1910, art. 514 et 609).

ART. 5.

(Modifié par les lois des 11 avril 1910 et 30 mars 1912.)

Les individus reconnus coupables de crimes et condamnés seulement à l'emprisonnement par application des articles 67, 68 et 463 du Code pénal;

Ceux qui ont été condamnés correctionnellement à six mois d'emprisonnement au moins, soit pour blessures ou coups volontaires, par application des articles 309 et 311 du Code pénal, soit pour violences contre les enfants, prévues par l'article 312, paragraphes 6 et suivants du même Code, soit pour rébellion;

Ceux qui ont été condamnés correctionnellement à un mois d'emprisonnement au moins pour outrage public à la pudeur, pour délit de vol, escroquerie, abus de confiance ou attentat aux mœurs, prévu par l'article 334 du Code pénal;

Ceux qui ont été condamnés correctionnellement pour avoir fait métier de souteneur, délit prévu par l'article 2 de la loi du 3 avril 1903, quelle que soit la durée de la peine;

Ceux qui ont été l'objet de deux ou plusieurs condamnations dont la durée totale est de trois mois au moins, pour l'un ou plusieurs des délits spécifiés dans l'alinéa 2 du présent article;

Ceux qui ont été l'objet de deux ou plusieurs condamnations, dont la durée totale est de trois mois au moins, pour l'un ou plusieurs des délits prévus par les articles 269 à 276 inclusivement du Code pénal;

Ceux qui ont été l'objet de deux ou plusieurs condamnations dont la durée totale est de trois mois au moins, pour le délit de filouterie d'aliments prévu par l'article 401 du Code pénal;

Ceux qui ont été l'objet de deux ou plusieurs condamnations quelle qu'en soit la durée pour l'un ou plusieurs des délits spécifiés dans l'alinéa 3 du présent article;

Sont incorporés dans les bataillons d'infanterie légère d'Afrique, sauf décision contraire du Ministre de la Guerre après enquête sur leur conduite depuis leur sortie de prison.

Les individus qui, au moment de l'appel de leur classe se trouveraient retenus, pour ces mêmes faits, dans un établissement pénitentiaire, seront incorporés dans lesdits bataillons à l'expiration de leur peine, pour y accomplir le temps de service prescrit par la présente loi.

Les dispositions de cet article sont intégralement applicables aux inscrits maritimes (art. 7, loi 24 décembre 1896. — Circulaire du 9 avril 1906, B. O.).

Les inscrits maritimes incorporés dans les bataillons d'Afrique sont tenus d'accomplir cinq années d'activité (art. 2, § 3 du décret du 14 mai 1898, B. O.). Les utilisables à terre envoyés aux bataillons d'Afrique doivent également cinq années effectives (arrêté du 30 juillet 1910, art. 49 et 563).

Les dispositions de l'article 5 ci-dessus sont applicables aux marins condamnés en cours d'activité ou pendant leur séjour dans les réserves. Voir décret organique des bataillons d'Afrique (Guerre) du 8 septembre 1899, modifié le 2 novembre 1902. — Art. 326 et 327 du décret du 17 juillet 1908.

ART. 6.
(Modifié par la loi du 11 avril 1910.)

Aucun militaire ne pourra être envoyé aux bataillons d'infanterie légère d'Afrique par simple décision ministérielle, sauf dans le cas prévu à l'article 93.

Les dispositions des articles 4 et 5 ci-dessus ne sont pas applicables aux individus qui ont été condamnés pour faits politiques ou connexes à des faits politiques.

En cas de contestation, il sera statué par le tribunal civil du lieu du domicile, conformément à l'article 28 ci-après.

Ces individus suivront le sort de la première classe appelée après l'expiration de leur peine.

Tout militaire condamné correctionnellement avant son incorporation à une peine d'emprisonnement de moins de trois mois pour un délit spécifié au deuxième paragraphe de l'article 5 pourra, en cas d'inconduite grave, après un délai minimum de trois mois depuis son incorporation, être envoyé dans un bataillon d'infanterie légère d'Afrique. L'envoi ser proposé par le commandant du corps d'armée sur avis du Conseil de discipline et prononcé par le Ministre de la Guerre.

Après le même délai et en suivant les règles spécifiées au paragraphe précédent, ceux qui, par des fautes réitérées contre les règlements militaires ou par leur mauvaise conduite portent atteinte à la discipline et constituent un arrêt pour la valeur morale du corps de troupes dont ils font partie, pourront être envoyés dans des sections spéciales qui seront organisées en remplacement des compagnies de discipline par un décret du Président de la République.

Les hommes incorporés en vertu du présent article et de l'article précédent dans les bataillons d'infanterie légère d'Afrique ou dans les sections spéciales, qui se seront fait remarquer devant l'ennemi, qui auront accompli un acte de courage ou de dévouement, et ceux qui auront tenu une conduite régulière, pendant six mois, dans les sections spéciales, et pendant une année, dans les bataillons d'infanterie légère d'Afrique, pourront être renvoyés dans un corps de troupes du service ordinaire, pour y continuer leur service, par décision du Ministre de la Guerre, rendue sur la proposition de leurs chefs hiérarchiques.

Voir décret (Guerre) du 4 août 1910, instituant les sections spéciales.

ART. 7.

Nul n'est admis dans une administration de l'État, ou ne peut être investi de fonctions publiques, même électives, s'il ne justifie avoir satisfait aux obligations imposées par la présente loi.

ART. 8.

Tout corps organisé, quand il est sous les armes, est soumis aux lois militaires, fait partie de l'armée et relève soit du Ministre de la Guerre, soit du Ministre de la Marine.

Il en est de même des corps de vétérans que le Ministre de la Guerre est autorisé à créer en temps de guerre, et qui seraient recrutés par voie d'engagements volontaires parmi les hommes ayant accompli la totalité de leur service militaire.

Nomenclature des corps faisant partie de l'armée de mer (art. 1 et 2 du décret du 17 juillet 1908).

ART. 9.

Les militaires et assimilés de tous grades et de toutes armes des armées de terre et de mer ne prennent part à aucun vote quand ils sont présents à leurs corps, à leur poste ou dans l'exercice de leurs fonctions.

Ceux qui, au moment de l'élection, se trouvent en résidence libre, en non-activité ou en possession d'un congé, peuvent voter dans la commune sur les listes de laquelle ils sont régulièrement inscrits. Cette disposition s'applique également aux officiers et assimilés qui sont en disponibilité ou dans le cadre de réserve.

Voir article 2 de la loi du 30 novembre 1875 sur l'élection des Députés et article 13 du décret du 17 juillet 1908.

TITRE II.

DES APPELS.

CHAPITRE PREMIER.

Du recensement.

ART. 10.

Chaque année, pour la formation de la classe, les tableaux de recensement des jeunes gens ayant atteint l'âge de 20 ans révolus dans l'année précédente, et domiciliés dans l'une des communes du canton, sont dressés par les maires :

1° Sur la déclaration à laquelle sont tenus tous les jeunes gens, leurs parents ou leurs tuteurs;

2° D'office, d'après les registres de l'état civil et tous autres documents, et renseignements.

Sont portés sur ces tableaux les jeunes gens qui sont Français en vertu du Code civil et des lois sur la nationalité.

Ces tableaux mentionnent la profession de chacun des jeunes gens inscrits.

Ils sont publiés et affichés dans chaque commune suivant les formes prescrites par les articles 63 et 64 du Code civil. La dernière publication doit avoir lieu au plus tard le 15 janvier.

Dans le mois qui suivra la publication des tableaux de recensement et jusqu'au 15 février au plus tard, tout inscrit qui aurait à faire valoir des infirmités ou maladies pouvant le rendre impropre au service militaire devra en faire la déclaration à la mairie de sa commune, en y joignant, pour constituer son dossier sanitaire, tous les certificats utiles. Il lui en sera délivré récépissé.

A défaut de l'inscrit, la même déclaration pourra être faite par ses ascendants, ses parents ou toute autre personne qualifiée.

Cette déclaration sera, à l'expiration des délais, transmise par le maire à l'autorité compétente, qui la comprendra, avec toutes les pièces s'y rapportant, dans le dossier de l'inscrit.

Si, malgré les infirmités ou maladies invoquées, l'inscrit est déclaré bon pour le service, son dossier sanitaire, constitué comme il a été dit, devra le suivre après son incorporation, être conservé par le corps auquel il sera affecté et transmis par lui à chaque mutation.

Voir Instruction (Guerre) du 27 juin 1905 sur l'établissement des tableaux de recensement.

ART. 11.

Sont portés sur les tableaux de recensement de la classe dont la formation suit l'époque de leur majorité les jeunes gens qui, en vertu du Code civil et des lois sur la nationalité, sont Français, sauf faculté de répudier la nationalité française au cours de leur vingt-deuxième année, lorsqu'il n'aura pas été renoncé en leur nom, et pendant leur minorité, à l'exercice de cette faculté.

ART. 12.

Les individus devenus Français par voie de naturalisation, réintégration ou déclaration faite conformément aux lois, sont portés sur les tableaux de recensement de la première classe formée après leur changement de nationalité.

Les individus inscrits sur les tableaux de recensement en vertu du présent article ou de l'article précédent sont incorporés en même temps que la classe avec laquelle ils ont pris part aux opérations du recrutement. Ils sont tenus d'accomplir le même temps de service actif, sans que toutefois cette obligation ait pour effet de les maintenir sous les drapeaux, en dehors des cas prévus par les articles 34 et 39, au delà de leur vingt-septième année révolue. Ils suivent ensuite le sort de la classe avec laquelle ils ont été incorporés. Toutefois, ils sont libérés à titre définitif à l'âge de cinquante ans au plus tard. Lorsque l'inscription d'un jeune homme sur les tableaux de recensement a été différée par application de conventions internationales, la durée obligatoire du service actif ne subit aucune réduction, sous la réserve ci-dessus exprimée que ce service ne se prolongera pas au delà de la vingt-septième année révolue.

ART. 13.

Sont considérés comme légalement domiciliés dans le canton :

1° Les jeunes gens, même émancipés, engagés, établis au dehors, expatriés, absents ou en état d'emprisonnement, si d'ailleurs leur père ou, en cas de décès ou de déchéance de la puissance paternelle du père, leur mère ou leur tuteur est domicilié dans une des communes du canton, ou si leur père, expatrié, avait son domicile dans une desdites communes;

2° Les jeunes gens mariés dont le père, ou la mère, à défaut du père, sont domiciliés dans le canton, à moins qu'ils ne justifient de leur domicile réel dans un autre canton;

3° Les jeunes gens mariés et domiciliés dans le canton, alors même que leur père et leur mère n'y seraient pas domiciliés;

4° Les jeunes gens nés et résidant dans le canton qui n'auraient ni leur père, ni leur mère, ni un tuteur;

5° Les jeunes gens résidant dans le canton qui ne seraient dans aucun des cas précédents et qui ne justifieraient pas de leur inscription dans un autre canton.

Les jeunes gens résidant soit en Algérie, soit aux colonies, soit dans les pays de protectorat, sont inscrits sur les tableaux de recensement du lieu de leur résidence. Sur la justification de cette inscription, ils sont, dans ce cas, rayés des tableaux de recensement où ils auraient pu être portés en France, par application des dispositions du présent article.

ART. 14.

Sont, d'après la notoriété publique, considérés comme ayant l'âge requis pour l'inscription sur les tableaux de recensement, les jeunes gens qui ne peuvent produire ou n'ont pas produit, avant la vérification des tableaux de recensement, un extrait des registres de l'état civil constatant un âge différent, ou qui, à défaut des registres de l'état civil, ne peuvent prouver ou n'ont pas prouvé leur âge, conformément à l'article 46 du Code civil.

ART. 15.

Si, dans les tableaux de recensement des années précédentes, des jeunes gens ont été omis, ils sont inscrits sur les tableaux de recensement de la classe qui est appelée après la découverte de l'omission, à moins qu'ils n'aient quarante-neuf ans accomplis à l'époque de la clôture des tableaux, et sont soumis à toutes les obligations qu'ils auraient eu à accomplir s'ils avaient été inscrits en temps utile.

Toutefois, ils sont libérés à titre définitif à l'âge de cinquante ans au plus tard.

CHAPITRE II.

Du conseil de revision cantonal. — Des tableaux de recensement. — Des exemptions. — Des ajournements et des sursis d'incorporation. — Des soutiens de famille. — Des officiers de l'armée active et de réserve. — Des listes de recrutement cantonal.

ART. 16.

Le conseil de revision est composé :

Du préfet, président; à son défaut, du secrétaire général et, exceptionnellement, du vice-président du conseil de préfecture ou d'un conseiller de préfecture délégué par le préfet;

D'un conseiller de préfecture désigné par le préfet;

D'un membre du conseil général du département autre que le représentant élu dans le canton où la revision a lieu, désigné par la commission départementale, conformément à l'article 82 de la loi du 10 août 1871;

D'un membre du conseil d'arrondissement, autre que le représentant élu dans le canton où la revision a lieu, désigné comme ci dessus, et, dans le territoire de Belfort, d'un deuxième membre du conseil général;

D'un officier général ou supérieur désigné par l'autorité militaire.

Un sous-intendant militaire, le commandant de recrutement, un médecin militaire ou, à défaut, un médecin civil désigné par l'autorité militaire assistent aux opérations du conseil de revision. Le conseil ne peut statuer qu'après avoir entendu l'avis du médecin.

Cet avis est consigné dans une colonne spéciale, en face de chaque nom, sur les tableaux de recensement.

Le sous-intendant militaire est entendu dans l'intérêt de la loi toutes les fois qu'il le demande, et peut faire consigner ses observations au procès-verbal de la séance.

Le sous-préfet de l'arrondissement et les maires des communes auxquelles appartiennent les jeunes gens appelés devant le conseil de revision assistent aux séances. Ils ont le droit de présenter des observations.

En cas d'empêchement des membres du conseil général ou du conseil d'arrondissement, le préfet les fait suppléer d'office par des membres appartenant à la même assemblée que l'absent; ces membres, désignés d'office, ne peuvent être les représentants élus du canton où la revision a lieu.

Si, par suite d'une absence, le conseil de revision est réduit à quatre membres, il peut néanmoins délibérer lorsque le président, l'officier général ou supérieur et deux membres civils restent présents; la voix du président n'est pas prépondérante. La décision ne peut être prise qu'à la majorité de trois voix. En cas de partage, elle est ajournée.

Dans les colonies, les attributions du préfet, des conseillers de préfecture et des conseillers d'arrondissement sont dévolues aux gouverneurs ou à leurs délégués, aux conseillers privés et aux conseillers généraux. Dans les colonies où il n'existe ni conseil privé, ni conseils généraux, des décrets régleront la composition des conseils de revision.

Le conseil de revision juge en séance publique.

A l'ouverture de la séance, les tableaux de recensement de chaque commune sont examinés, ils sont lus à haute voix. Les jeunes gens, leurs parents ou représentants sont entendus dans leurs observations.

Le Conseil de revision statue sur les réclamations présentées ainsi que sur les causes d'exemption prévues par l'article 18 de la présente loi.

Il examine la situation des omis et prend à leur égard l'une des décisions suivantes :

Sont excusés ceux qui, ayant déposé, huit jours au moins avant la réunion du conseil, une demande tendant à justifier leur non-inscription sur le tableau de recensement des années précédentes, prouvent que l'omission de leur nom sur ce tableau ne peut être imputée à leur négligence.

Seront, au contraire, annotés comme devant être incorporés dans les troupes coloniales et pourront être envoyées aux colonies :

1° Les omis condamnés par les tribunaux par application de l'article 79 ci-après;

2° Ceux dont les excuses n'auront pas été admises.

Dans le cas où une intention frauduleuse aurait été relevée, le conseil renverra ces jeunes gens devant les tribunaux.

Tant qu'un omis n'a pas eu sa situation régularisée par le Conseil de revision il ne peut être autorisé à s'engager dans l'armée de mer (Circul. 28 mai 1907, B. O.).

Voir : Instructions (Guerre) du 29 octobre 1905 et 20 mars 1910 relatives aux opérations des Conseils de revision.

ART. 17.

Le conseil de revision se transporte dans les divers cantons.

Sauf en cas de mobilisation, il ne peut opérer le même jour que dans un seul canton.

Les jeunes gens portés sur les tableaux de recensement ainsi que ceux des classes précédentes qui ont été ajournés, conformément à l'article 18 ci-après, sont convoqués, examinés et entendus par le conseil de revision au lieu désigné. Ils peuvent faire connaître l'arme dans laquelle ils désirent être placés.

S'ils ne se rendent pas à la convocation, s'ils ne se font pas représenter ou s'ils n'ont pas obtenu un délai, il est procédé comme s'ils étaient présents et ils sont considérés comme aptes au service armé.

ART. 18.

Au point de vue des aptitudes physiques, le conseil de revision classe les jeunes gens présents en quatre catégories :

1° Ceux qui sont reconnus bons pour le service armé;

2° Ceux qui, étant atteints d'une infirmité relative sans que leur constitution générale soit douteuse. sont reconnus bons pour le service auxiliaire;

3° Ceux qui, étant d'une constitution physique trop faible, sont ajournés à un nouvel examen;

4° Ceux chez qui une constitution générale mauvaise ou certaines infirmités déterminent une impotence fonctionnelle partielle ou totale et qui sont exemptés de tout service militaire, soit armé, soit auxiliaire.

Il est délivré aux jeunes gens de ces deux dernières catégories, pour justifier de leur situation, un certificat qu'ils sont tenus de représenter à toute réquisition des autorités militaire, judiciaire ou civile.

Situation des exemptés et des ajournés au point de vue de leur aptitude à l'engagement volontaire dans l'armée de mer (Circulaire du 28 mai 1907 (B. O.).

ART. 19.

Les jeunes gens ajournés à un nouvel examen du conseil de revision sont astreints à comparaître à nouveau devant le conseil de revision du canton devant lequel ils ont comparu, à moins d'une autorisation spéciale les admettant à comparaître devant un autre conseil.

Les jeunes gens qui, après avoir été ajournés une première fois, sont reconnus l'année suivante propres au service armé, sont astreints à deux années de service armé.

Ceux qui, lors de ce nouvel examen, ne sont pas encore reconnus bons pour le service armé, sans que leur état physique justifie pourtant une exemption définitive, sont classés dans le service auxiliaire et incorporés comme tels. Après une année passée sous les drapeaux dans ce service, il sont soumis à l'examen de la commission de réforme qui décide s'ils doivent accomplir leur deuxième année dans le même service, ou s'ils doivent être réformés, ou si, au contraire, ils peuvent être classés pour leur deuxième année dans le service armé.

Les jeunes gens classés par le conseil de revision dans le service auxiliaire et désignés pour être incorporés à ce titre peuvent être ajournés jusqu'à vingt-cinq ans, s'ils demandent à être, en cas d'aptitude physique, admis ultérieurement dans le service armé. Ces ajournements ne peuvent, en aucun cas, les dispenser des deux années de service prescrites par la présente loi, qu'ils les accomplissent soit dans le service armé, soit dans le service auxiliaire.

Les jeunes gens ajournés sont, après leur libération, astreints aux obligations de leur classe d'origine.

Les règles applicables aux ajournés le sont également aux jeunes gens qui, après avoir été reconnus bons pour le service armé ou pour le service auxiliaire, seraient réformés temporairement avant ou après leur incorporation.

ART. 20.

En temps de paix, l'un des deux frères inscrits la même année sur les tableaux de recensement, ou faisant partie du même appel, et, en cas de désaccord entre eux, le plus jeune ne sera, sur sa demande, incorporé qu'après l'expiration du temps obligatoire de service de l'autre frère.

Celui qui, au moment des opérations du conseil de revision, aura un frère servant comme appelé, ne sera également incorporé, s'il le demande, qu'après la libération de ce dernier.

Le jeune soldat qui a obtenu un sursis d'incorporation dans les conditions prévues au présent article a la faculté d'y renoncer ultérieurement. Il en fait la demande écrite au commandant du bureau de recrutement de son domicile; mais son incorporation n'a lieu qu'avec celle de la classe appelée immédiatement après sa renonciation.

Les sursis prévus à cet article découlant d'une situation de fait, sont délivrés par les commandants des bureaux de recrutement (§ 2 de la section 11 de l'Instruction [Guerre] du 21 juillet 1906. — Affectation et appel des jeunes soldats.

ART. 21.

En temps de paix, des sursis d'incorporation renouvelables, d'année en année, jusqu'à l'âge de vingt-cinq ans, peuvent être accordés aux jeunes gens qui en font la demande, qu'ils aient été classés par le conseil de revision dans le service armé ou dans le service auxiliaire.

A cet effet, ils doivent établir que, soit à raison de leur situation de soutien de famille, soit dans l'intérêt de leurs études, soit pour leur apprentissage, soit pour les besoins de l'exploitation agricole, industrielle ou commerciale à laquelle ils se livrent pour leur compte ou pour celui de leurs parents, soit à raison de leur résidence à l'étranger, il est indispensable qu'ils ne soient pas enlevés immédiatement à leurs travaux.

Les demandes de sursis adressés au maire après la publication des tableaux de recensement sont instruites par lui; le conseil municipal donne son avis motivé. Elles sont envoyées au préfet et transmises par lui, avec ses observations, au conseil de revision qui statue.

Les sursis d'incorporation ne confèrent aucune dispense.

Les jeunes gens qui ont obtenu, sur leur demande, un ou plusieurs sursis suivent le sort de la classe avec laquelle ils sont incorporés.

En cas de guerre, les sursis sont annulés, et ces jeunes gens sont appelés avec les hommes de leur classe d'origine.

Les demandes de sursis doivent être examinées par le Conseil de revision cantonal. Toutefois, le Conseil de revision départemental, institué par l'article 22 de la loi, peut examiner celles des demandes de sursis qui n'auraient pu être établies dans les délais prévus (art. 77 de l'Instruction [Guerre] du 29 décembre 1905). Le Conseil se réunit du 24 août au 4 septembre et les demandes doivent lui parvenir le 24 août au plus tard (Arrêté [Guerre] du 4 août 1907. B. O., p. 2, p. 814).

Conditions d'inscription définitive des hommes en sursis d'incorporation pour continuation d'études (Circulaire du 14 septembre 1907, B. O., art. 26, arrêté du 30 juillet 1910 sur le service courant).

Les hommes en sursis d'incorporation, dans les conditions de l'article 21 ci-dessus, ne peuvent contracter d'engagement volontaire que lorsqu'ils sont admis en qualité d'élèves commissaires, d'élèves administrateurs, d'élèves du service de santé ou de matelots élèves mécaniciens (Circulaire du 28 mai 1907, B. O.).

Pour la concession des sursis, l'âge se compte au 1er octobre. Un jeune homme qui a 25 ans révolus le 30 septembre à minuit ne peut pas obtenir un sursis du Conseil de revision (Circulaire [Guerre] du 6 juin 1906),

ART. 22.

Les familles des jeunes gens qui remplissaient effectivement, avant leur départ pour le service, les devoirs de soutien indispensable de famille, pourront recevoir sur leur demande, en temps de paix, une allocation journalière de soixante-quinze centimes (75 cent.) fournie par l'État, pendant la présence de ces jeunes gens sous les drapeaux. Leur nombre ne pourra dépasser huit pour cent (8 p. 100) du contingent.

Ladite allocation pourra, en outre, être accordée aux familles des militaires qui, pendant leur présence sous les drapeaux, justifieront de leur qualité de soutiens indispensables de famille. Leur nombre ne pourra dépasser deux pour cent (2 p. 100) du contingent.

Les demandes sont adressées par les familles au maire de la commune de leur domicile. Il en sera donné récépissé. Elles doivent comprendre à l'appui :

1° Un relevé des contributions payées par la famille et certifié par le percepteur ;

2° Un état certifié par le maire de la commune et indiquant le nombre et la position des membres de la famille, vivant sous le même toit ou séparément, les revenus et ressources de chacun d'eux.

La liste et les dossiers des demandes adressées par les familles, soit après la publication des tableaux de recensement, soit depuis l'incorporation, sont envoyés par le maire au préfet, avec l'avis motivé du conseil municipal.

Il est statué sur ces demandes par un conseil, siégeant au moins deux fois par an au chef-lieu du département et composé :

1° Du préfet, président, ou, à son défaut, du secrétaire général ou du vice-président du conseil de préfecture ;

2° Du directeur des contributions directes ;

3° Du trésorier-payeur général ;

4° De trois membres du conseil général, pris dans des arrondissements différents, et d'un conseiller d'arrondissement, désignés par la commission départementale.

Le maire de chaque commune est tenu d'informer le préfet des changements survenus dans la situation des familles auxquelles une allocation a été attribuée. Il fait connaître, en même temps, l'avis motivé du conseil municipal sur la suppression ou le maintien de ladite allocation. Il est statué par le conseil départemental.

Les décisions du conseil sont rendues en séance publique. Elles fixent la date à partir de laquelle les allocations sont dues en vertu du deuxième paragraphe du présent article.

Voir Instruction [Guerre] du 25 juin 1906, sur la concession des allocations à titre de soutien de famille.

ART. 23.
(Modifié par la loi du 16 juillet 1906.)

Les jeunes gens admis à l'École spéciale militaire ou à l'École polytechnique devront faire une année de service dans un corps de troupes aux conditions ordinaires avant leur entrée dans ces écoles, sauf le cas prévu au quatrième alinéa du présent article.

Ceux qui auront été admis après concours à l'École normale supérieure, à l'École forestière, à l'École centrale des arts et manufactures, à l'École nationale des mines, à l'École des ponts et chaussées ou à l'École des mines de Saint-Etienne pourront faire, à leur choix, la première de leurs deux années de service dans un corps de troupe aux conditions ordinaires avant leur entrée dans ces écoles ou après en être sortis.

Les jeunes gens qui, au moment où ils sont reçus à l'une de ces écoles, ont atteint l'âge de dix-huit ans, contractent un engagement d'une durée supérieure de deux ans à la période normale des études de cette école.

Ceux qui n'ont pas atteint l'âge de dix-huit ans et ceux qui ne sont pas reconnus aptes au service au moment de leur admission peuvent néanmoins entrer dans les écoles, mais ils n'y sont maintenus que s'ils consentent à contracter l'engagement susmentionné, soit au moment où ils atteignent l'âge de dix-huit ans, soit au moment où ils sont reconnus aptes au service. La durée de l'engagement est comptée à partir du moment de l'admission.

Les élèves des écoles énumérées au deuxième alinéa du présent article reçoivent dans ces écoles une instruction militaire les préparant au grade de sous-lieutenant de réserve.

Ceux d'entre eux qui, à la sortie de ces écoles, ont satisfait aux épreuves d'aptitude à ce grade et qui avaient fait un an de service avant leur entrée accomplissent immédiatement leur deuxième année de service dans un corps de troupe en qualité de sous-lieutenant de réserve. Cette disposition s'applique aux élèves de l'École polytechnique qui ne sont pas classés dans les armées de terre et de mer.

Les jeunes gens qui, aux termes des deuxième et quatrième alinéas du présent article, n'avaient pas fait un an de service avant leur entrée aux écoles, accomplissent à leur sortie une année de service dans un corps de troupe aux conditions ordinaires et servent ensuite en qualité de sous-lieutenants de réserve, en conformité du paragraphe précédent, ou en qualité de sous-lieutenants de l'armée active.

Les élèves qui n'ont pas été jugés susceptibles, à leur sortie des écoles, d'être nommés immédiatement sous-lieutenants de réserve; ceux qui n'ont pas satisfait aux examens de sortie de l'école à laquelle ils appartenaient, et ceux qui l'ont quittée pour une cause quelconque sont incorporés dans un corps de troupe comme simples soldats ou sous-officiers et accomplissent une ou deux années de service, suivant qu'ils avaient fait ou non un an de service avant leur entrée à l'école. Dans ce cas, l'engagement qu'ils ont contracté est annulé.

Les conditions d'aptitude physique pour l'entrée aux écoles des jeunes gens qui, au moment de leur admission, ne sont pas aptes au service militaire, sont fixés par un règlement d'administration publique.

Voir : Loi du 17 juillet 1908. Nomination au grade de sous-lieutenant des élèves des Écoles spéciales militaires et Polytechnique.

Les anciens élèves de l'École polytechnique classés dans l'un des corps d'officiers de l'armée de mer doivent accomplir dans les équipages de la flotte leur année de service aux conditions ordinaires. (Décret [Guerre] du 20 mars 1911, B. O., p. 536.)

ART. 24.

Le jeunes gens, non visés à l'article précédent, qui désirent obtenir le grade de sous-lieutenant de réserve et prennent l'engagement d'accomplir en cette qualité trois périodes supplémentaires d'instruction pendant leur séjour dans la réserve, subissent, à la fin de leur première année de service, les épreuves d'un concours institué par un règlement d'administration publique. Ils sont classés par ordre de mérite et nommés, dans la limite des besoins, élèves officiers de réserve.

Durant le premier semestre de leur deuxiéme année de service, les élèves officiers de réserve complètent leur instruction en suivant des cours spéciaux. S'ils subissent avec succès les examens institués à la fin de ces cours, ils sont nommés sous-lieutenants de réserve et accomplissent en cette qualité leur quatrième semestre de service dans l'armée active; dans le cas contraire, ils accomplissent ce quatrième semestre comme simples soldats ou sous-officiers.

ART. 25.

Les docteurs ou les étudiants en médecine, munis de douze inscriptions, qui ont subi avec succès, à la fin de leur première année de service, l'examen de médecin auxiliaire, sont nommés à cet emploi et accomplissent leur deuxième année de service comme médecins auxiliaires.

Les jeunes gens pourvus du diplôme de vétérinaire civil ou admis en quatrième année qui ont subi avec succès, à la fin de leur première année de service, l'examen de vétérinaire auxiliaire, sont nommés à cet emploi et accomplissent leur deuxième année de service comme vétérinaires auxiliaires.

Les jeunes gens visés aux deux alinéas précédents, qui auront pris l'engagement d'accomplir trois périodes supplémentaires d'instruction pendant leur séjour dans la réserve et qui auront subi avec succès à la fin du troisième semestre les épreuves d'un concours pour le grade d'aide-major ou d'aide-vétérinaire de réserve, sont nommés à ce grade, dans la limite des besoins, et accomplissent en cette qualité leur quatrième semestre de service dans l'armée active.

ART. 26.

Les jeunes gens admis à l'École du service de santé militaire devront faire une année de service dans un corps de troupes aux conditions ordinaires avant leur entrée dans cette école.

Ceux qui ont subi avec succès le concours d'admission à l'emploi d'élève en pharmacie du service de santé ou à l'emploi d'aide-vétérinaire stagiaire devront faire une année de service dans les mêmes conditions avant d'être affectés à ces emplois.

Ils contractent, dès leur entrée à l'école ou leur nomination à l'emploi, l'engagement de servir dans l'armée active pendant six ans au moins à dater de leur nomination au grade de médecin ou de pharmacien aide-major de 2e classe ou d'aide-vétérinaire.

Ceux qui n'obtiendraient pas le grade d'aide-major ou d'aide-vétérinaire ou qui ne réaliseraient pas l'engagement sexennal, accomplissent leur deuxième année de service dans les conditions prévues à l'article précédent.

Ces dispositions sont également applicables aux élèves de l'École de médecine navale, aux élèves de l'École d'administration de la marine et aux administrateurs stagiaires de l'Inscription maritime.

Voir : Décret du 6 avril 1906 (B. O., p. 346). Engagement à souscrire par les élèves des Écoles du Service de Santé de la Marine, les élèves commissaires et les élèves administrateurs de l'Inscription maritime.

4.

ART. 27.

Sont considérés comme ayant satisfait à l'appel de leur classe :

1° Les jeunes gens sous les drapeaux en vertu d'un engagement volontaire, ou ayant terminé leur service en vertu d'un engagement volontaire ;

2° Les jeunes marins portés sur les registres matricules de l'Inscription maritime, conformément aux règles prescrites par la loi sur l'Inscription maritime du 24 décembre 1896.

Les jeunes marins qui se font rayer de l'Inscription maritime sont tenus d'en faire la déclaration au maire de leur commune dans les deux mois, de retirer une expédition de leur déclaration et de la soumettre au préfet du département, sous les peines portées par l'article 86 ci-après.

Ils sont tenus d'accomplir dans l'armée active le temps de service prescrit par la présente loi ; ils suivent ensuite le sort de leur classe d'origine.

Toutefois, le temps déjà passé par eux au service militaire actif de l'État est déduit du nombre d'années pendant lesquelles tout Français fait partie de l'armée active.

Application de l'article 27 ci-dessus aux inscrits maritimes rayés des matricules avant l'âge de 25 ans et sans avoir effectué 2 années d'activité. (Circulaires des 10 mai et 14 septembre 1907. [B. O], art. 61 de l'arrêté du 30 juillet 1910 sur le service courant.)

ART. 28.

Lorsque les jeunes gens portés sur les tableaux de recensement ont fait des déclarations dont l'admission ou le rejet dépend de la décision à intervenir sur des questions judiciaires relatives à leur état ou à leurs droits civils, le conseil de revision ajourne sa décision ou ne prend qu'une décision conditionnelle.

Les questions sont jugées contradictoirement avec le préfet, à la requête de la partie la plus diligente. Le tribunal civil du lieu du domicile statue sans délai, le ministère public entendu.

Le délai de l'appel et du recours en cassation est de quinze jours francs à partir de la signification de la décision attaquée.

Le recours est, ainsi que l'appel, dispensé de la consignation d'amende.

L'affaire est portée directement devant la chambre civile.

Les actes faits en exécution du présent article sont visés pour timbre et enregistrés gratis.

Les paragraphes 2, 3, 4, 5 et 6 du présent article sont applicables au cas prévu par l'article 6.

ART. 29.

Hors les cas prévus par les articles 6 et 28, les décisions du conseil de revision sont définitives. Elles peuvent, néanmoins, être attaquées devant le Conseil d'État pour incompétence, excès de pouvoir ou violation de la loi.

Le recours au Conseil d'État n'aura pas d'effet suspensif.

L'appelé pourra toujours réclamer le bénéfice de l'annulation, même si elle est prononcée sur le recours du ministre formé dans l'intérêt de la loi.

Élles peuvent être aussi revisées par les conseils de revision eux-mêmes pour l'un des motifs ci-après : erreur matérielle dans les pièces sur le vu desquelles la décision a été prise ; défaut de justification imputable aux fonctionnaires ou agents, civils ou militaires, chargés d'établir les pièces ou de les transmettre.

La demande de revision est examinée dans la session qui suit immédiatement la découverte de l'erreur et, au plus tard, dans celle qui précède le renvoi de la classe avec laquelle l'intéressé a été incorporé.

Élle est introduite par le Ministre de la guerre, soit d'office, soit à la requête de l'intéressé.

ART. 30.

Après que le conseil de revision a statué sur la situation des jeunes gens, ainsi que sur toutes les réclamations auxquelles les opérations peuvent donner lieu, la liste de recrutement cantonal de la classe est définitivement arrêtée et signée par le conseil de revision, ainsi que par les maires des communes intéressées.

Cette liste, divisée en sept parties, comprend :

1° Tous les jeunes gens déclarés propres au service armé, sauf ceux visés au paragraphe 7° ;

2° Les jeunes gens classés dans le service auxiliaire de l'armée, sauf ceux visés au paragraphe 6° ;

3° Les jeunes gens liés au service en vertu d'un engagement volontaire, d'un brevet ou d'une commission, et les jeunes marins inscrits ;

4° Les jeunes gens exclus en vertu des dispositions de l'article 4 ;

5° Les jeunes gens qui sont ajournés d'office, conformément au 3° de l'article 18 ;

6° Les jeunes gens qui, classés dans le service auxiliaire, ont obtenu sur leur demande un ajournement, conformément au quatrième alinéa de l'article 19 ;

7° Les jeunes gens qui ont obtenu un sursis, conformément aux articles 20 et 21.

CHAPITRE III.

Du registre matricule.

ART. 31.

Il est tenu par subdivision de région un registre matricule sur lequel sont portés tous les jeunes gens inscrits sur les listes de recrutement cantonal.

Ce registre mentionne l'incorporation de chaque homme inscrit ou la position dans laquelle il est laissé et, successivement, tous les changements qui peuvent survenir dans sa situation jusqu'à sa libération définitive.

Tout homme inscrit sur le registre matricule reçoit un livret individuel qu'il est tenu de représenter à toute réquisition des autorités militaire, judiciaire ou civile.

En cas d'appel à l'activité ou de convocation pour des manœuvres, exercices ou revues, la représentation du livret individuel doit avoir lieu dans les vingt-quatre heures de la réquisition.

En tout autre cas, le délai est de huit jours.

Établissement et tenue du registre matricule. Voir : Décret (Guerre) du 7 août 1885 et Instruction du 11 septembre 1885.

TITRE III.

DU SERVICE MILITAIRE.

CHAPITRE PREMIER.

Bases du service.

ART. 32.

Tout Français reconnu propre au service militaire fait partie successivement :

De l'armée active pendant deux ans ;

De la réserve de l'armée active pendant onze ans ;

De l'armée territoriale pendant six ans ;

De la réserve de l'armée territoriale pendant six ans.

Le service militaire est réglé par classe.

L'armée active comprend, indépendamment des hommes qui ne proviennent pas des appels, tous les jeunes gens déclarés propres au service militaire armé ou auxiliaire et faisant partie des deux derniers contingents incorporés.

ART. 33.

La durée du service compte du 1ᵉʳ octobre de l'année de l'inscription sur les tableaux de recensement, et l'incorporation du contingent doit avoir lieu, au plus tard, le 10 octobre de la même année.

Pour les jeunes gens dont l'incorporation a été retardée en vertu des articles 20 et 21, la durée du service compte du 1ᵉʳ octobre de l'année de leur incorporation.

Pour les engagés volontaires, elle compte du jour de leur engagement, et pour les hommes visés à l'article 5 du jour de leur incorporation.

En temps de paix, chaque année, au 30 septembre, les militaires qui ont accompli le temps de service prescrit :

1° Soit dans l'armée active ;

2° Soit dans la réserve de l'armée active ;

3° Soit dans l'armée territoriale ;

4° Soit dans la réserve de l'armée territoriale,

sont envoyés respectivement :

1° Dans la réserve de l'armée active ;

2° Dans l'armée territoriale ;

3° Dans la réserve de l'armée territoriale ;

4° Dans leurs foyers, comme libérés à titre définitif.

Mention de ces divers passages et de la libération est faite sur le livret individuel.

Après les grandes manœuvres, la totalité de la classe dont le service actif expire le 3o septembre suivant peut être renvoyée dans ses foyers en attendant son passage dans la réserve.

Dans le cas où les circonstances paraîtraient l'exiger, le Ministre de la guerre et le Ministre de la marine sont autorisés à conserver provisoirement sous les drapeaux la classe qui a terminé sa seconde année de service. Notification de cette décision sera faite aux Chambres dans le plus bref délai possible.

Dans les mêmes circonstances et pendant la première année de leur service dans la réserve, les hommes peuvent être rappelés sous les drapeaux par ordres individuels avec l'assentiment du Conseil des ministres.

En temps de guerre, les passages et la libération n'ont lieu qu'après l'arrivée de la classe destinée à remplacer celle à laquelle les militaires appartiennent. Cette disposition est exceptionnellement applicable, dès le temps de paix, aux hommes servant aux colonies.

Les militaires faisant partie de corps mobilisés peuvent y être maintenus jusqu'à la cessation des hostilités, quelle que soit la classe à laquelle ils appartiennent.

En temps de guerre, le Ministre peut appeler par anticipation la classe qui ne serait appelée que le 1er octobre suivant.

Dates de libération des classes dans la marine. (Art. 88 de l'arrêté du 30 juillet 1910 sur le service courant.)

ART. 34.

Ne compte pas, pour les années de service exigées par la présente loi dans l'armée active, la réserve de l'armée active et l'armée territoriale, le temps pendant lequel un militaire de l'armée active, un réserviste ou un homme de l'armée territoriale a subi la peine de l'emprisonnement en vertu d'un jugement, si cette peine a eu pour effet de l'empêcher d'accomplir, au moment fixé, tout ou partie des obligations d'activité qui lui sont imposées par la présente loi ou par les engagements qu'il a souscrits.

Ces individus seront tenus de remplir leurs obligations d'activité, soit à l'expiration de leur peine s'ils appartiennent à l'armée active, soit au moment de l'appel qui suit leur élargissement s'ils font partie de la réserve de l'armée active ou de l'armée territoriale.

Toutefois, quelles que soient les déductions de service ainsi opérées, les hommes qui en sont l'objet sont rayés des contrôles en même temps que la classe à laquelle ils appartiennent.

Les condamnations entraînent déduction du service pendant la durée des rengagements. (Dépêche du 28 août 1907.)

CHAPITRE II.

Du service dans l'armée active.

ART. 35.

Le contingent à incorporer est formé par les jeunes gens inscrits dans la première et la seconde partie des listes de recrutement cantonal et par ceux dont l'incorporation ayant été retardée en vertu des articles 19, 20 et 21 doit avoir lieu dans l'année.

Il comprend en outre les engagés des articles 23 et 26 et les jeunes gens qui ont été autorisés à contracter l'engagement spécial dit de devancement d'appel prévu à la fin de l'article 50.

Il est mis, à dater du 1er octobre, à la disposition du Ministre de la guerre, qui en arrête la répartition.

ART. 36.

Sont affectés à l'armée de mer :

1° Les hommes fournis par l'inscription maritime;

2° Les hommes qui ont été admis à s'engager ou à contracter un rengagement dans les équipages de la flotte, suivant les conditions spéciales à l'armée de mer;

3° Les jeunes gens qui, au moment des opérations du conseil de revision, auront demandé à entrer dans les équipages de la flotte et auront été reconnus aptes à ce service;

4° En cas d'insuffisance des trois modes de recrutement ci-dessus indiqués, les hommes du contingent dont le Ministre de la marine pourra demander l'affectation aux équipages de la flotte pour les services à terre, dans les conditions déterminées par une loi spéciale.

Le paragraphe 4 de cet article ne pourra être appliqué qu'après la promulgation de la nouvelle loi du recrutement de l'armée de mer.

Voir articles 106, 107 et 108 du décret du 17 juillet 1908. Procédure à suivre pour l'incorporation dans la marine des aides ouvriers des arsenaux faisant partie de la classe annuelle. (Circ. 26 décembre 1907, B. O., art. 82 et suivants de l'arrêté du 30 juillet 1910.)

Ne doivent pas être affectés aux équipages de la flotte les jeunes gens ayant encouru une condamnation correctionnelle et ceux qui ont été acquittés comme ayant agi sans discernement (Instr. [Guerre] du 6 mai 1912 modifiant celle du 16 avril 1910 sur l'affectation des jeunes soldats).

ART. 37.

Sont affectés aux troupes coloniales :

1° Les jeunes gens provenant des contingents des colonies de la Guadeloupe, la Martinique, la Guyane et la Réunion, et les Français astreints au service militaire dans les colonies et pays de protectorat visés à l'article 90;

2° Les hommes qui ont été admis à s'engager ou à contracter un rengagement dans lesdites troupes suivant les conditions spéciales déterminées aux articles 50 à 56 ci-après;

3ª Les jeunes gens qui, au moment des opérations du conseil de révision, auront demandé à entrer dans les troupes coloniales et auront été reconnus propres à ce service ;

4° Les omis visés à l'avant-dernier alinéa de l'article 16 ci-dessus;

5° A défaut d'un nombre suffisant d'hommes compris dans les catégories précédentes, les jeunes gens du contingent métropolitain qui auront été affectés par le recrutement aux troupes coloniales, mais sans que ces jeunes gens puissent être envoyés aux colonies sans leur consentement.

ART. 38.

La durée du service actif ne pourra pas être interrompue par des congés, sauf le cas de maladie ou de convalescence, ou de réforme temporaire prononcée après un certain temps passé au corps et par suite de maladie contractée au service, ou en exécution de l'article 90 de la présente loi.

Les militaires accomplissant la durée légale du service ne pourront, en dehors des dimanches et jours fériés, obtenir de permissions que jusqu'à concurrence d'un total de trente jours au maximum pendant leur présence sous les drapeaux.

En cas de force majeure dûment justifiée, le chef de corps pourra accorder une permission supplémentaire, sous réserve d'en rendre compte au Ministre de la guerre.

Voir : article 579 du 30 juillet 1910. Interruption de service par suite de réforme temporaire.

Les sursis d'arrivée concédés pour toute cause autre que la maladie comptent dans les 30 jours de congé visés au présent article (Instruction [Guerre] du 16 août 1910 sur affectation et l'appel de jeunes soldats [art. 15]).

Circulaire (Guerre) du 24 mai 1907, au sujet du mode de décompte des journées (dimanches, fêtes, etc.).

ART. 39.

Les militaires qui, pendant la durée de leur service, auront subi des punitions de prison ou de cellule, d'une durée supérieure à huit jours, seront maintenus au corps après la libération de leur classe ou l'expiration de leur engagement pendant un nombre de jours égal au nombre de journées de prison ou de cellule qu'ils auront subies, déduction faite des punitions n'excédant pas huit jours.

Cette disposition ne sera pas applicable aux militaires qui, au moment de la libération de leur classe ou de l'expiration de leur engagement, seraient en possession du grade de sous-officier ou de celui de caporal ou brigadier, ou qui seraient soldats de 1re classe, si les punitions ont été encourues par eux antérieurement à leur nomination.

Conditions d'application des dispositions de l'article 39 aux marins incorporés pour 2 ans. (Circulaire 10 décembre 1907, B. O., art. 573 de l'arrêté du 30 juillet 1910.)

CHAPITRE III.

Du service dans les réserves.

ART. 40.

Les hommes envoyés dans la réserve de l'armée active, dans l'armée territoriale et dans la réserve de ladite armée sont affectés aux divers corps de troupes et services de l'armée active ou de l'armée territoriale.

Ils sont tenus de rejoindre leur corps en cas de mobilisation, de rappel de leur classe ordonné par décret, et de convocation pour les manœuvres ou exercices.

A l'étranger, les ordres de mobilisation, de rappel ou de convocation sont transmis par les soins des agents consulaires de France.

Le rappel de la réserve de l'armée active peut être fait d'une manière distincte et indépendante pour les troupes métropolitaines, pour les troupes coloniales ou pour l'armée de mer. Il peut être fait pour un, plusieurs ou tous les corps d'armée, pour un ou plusieurs cantons, et, s'il y a lieu, distinctement par arme ou par subdivision d'arme. Il a lieu par classe, en commençant par la moins ancienne.

En cas d'agression ou menace d'agression caractérisée par le rassemblement de forces étrangères en armes, le rappel à l'activité peut être ordonné, par arme ou par subdivision d'arme, pour une, plusieurs ou totalité des classes dans une zone déterminée autour des places fortes et des ouvrages fortifiés et sur le territoire des îles.

Les mêmes dispositions sont applicables à l'armée territoriale et à la réserve de l'armée territoriale. Toutefois, afin de limiter les rappels des hommes appartenant à la réserve de l'armée territoriale au nombre nécessité par certains besoins spéciaux, temporaires ou locaux, ces rappels pourront toujours s'effectuer par fraction de classe et sans commencer obligatoirement par la classe la moins ancienne.

En cas de mobilisation, les militaires de la réserve domiciliés dans la région, et, en cas d'insuffisance, les militaires de la réserve domiciliés dans d'autre régions, complètent les effectifs des divers corps de troupes et des divers services qui entrent dans la composition de chaque corps d'armée.

Les corps de troupes et services qui n'entrent pas dans la composition des corps d'armée sont complétés avec des militaires de la réserve pris sur l'ensemble du territoire.

Mention du corps d'affectation est portée sur le livret individuel.

Art. 41.

(Modifié par les lois des 14 avril 1908 et 11 avril 1910.)

Les hommes de la réserve de l'armée active sont assujettis, pendant leur temps de service dans ladite réserve, à prendre part à deux périodes d'exercices : la première d'une durée de vingt-trois jours, la seconde d'une durée de dix-sept jours.

Les hommes de l'armée territoriale sont assujettis à une période d'exercices d'une durée de neuf jours.

L'emploi du temps pour les périodes de la réserve et de l'armée territoriale sera réglé par les soins des chefs de corps. Un compte rendu de cet emploi du temps sera envoyé annuellement au Ministre de la guerre, qui adressera également chaque année au Président de la République un rapport sur les exercices des réservistes et des territoriaux, sur les effectifs convoqués pour les manœuvres d'automne et ceux qui y auront pris part. Ce rapport sera inséré au *Journal officiel.*

Ces dispositions sont applicables dès l'année 1908, sauf en ce qui concerne les hommes des classes 1901, 1902, 1903, 1904 ayant fait moins de deux ans de services, pour qui la durée de la première convocation restera fixée à quatre semaines. Ceux qui auront été libérés du service actif avant le 1er janvier 1908 accompliront cette première période en 1908.

Les anciens bénéficiaires de l'article 23 de la loi du 15 juillet 1889, qui ont déjà accompli la période spéciale aux dispensés de cet article, ne seront appelés que pour des périodes de vingt-trois jours.

Seront dispensés de ces exercices et manœuvres les hommes appartenant à l'armée territoriale qui, au moment de l'appel de leur classe pour une période d'instruction, seront inscrits depuis au moins cinq ans sur les contrôles des corps de sapeurs-pompiers régulièrement organisés.

Peuvent être dispensés de ces manœuvres ou exercices, sur l'avis du consul de France, les jeunes gens qui ont établi leur résidence à l'étranger, hors d'Europe, et qui y occupent une situation régulière.

Les familles des hommes de la réserve et de l'armée territoriale qui, au moment de leur convocation, remplissent effectivement les devoirs de soutien indispensable de famille, peuvent recevoir une allocation journalière fournie par l'État pendant la durée de la période. Cette allocation, qui est fixée à soixante-quinze centimes (o fr. 75) sera majorée de vingt-cinq centimes (o fr. 25) pour chaque enfant de moins de seize ans à la charge de l'homme convoqué.

En vue d'obtenir cette allocation, l'homme appelé à accomplir une période devra adresser au maire de la commune où il réside une demande dont il lui sera donné récépissé. Cette demande comprendra à l'appui :

1° Un relevé des contributions payées par le réclamant ou ses ascendants, certifié par le percepteur ;

2° Un état certifié par le maire de la commune et indiquant le nombre et la position des membres de la famille vivant sous le même toit ou séparément, le revenu et les ressources de chacun d'eux.

Les listes et les dossiers de demandes annotés sont envoyés par le maire au préfet.

Il est statué sur ces demandes par le conseil spécial institué à l'article 22. Ce conseil se réunira sur la convocation du préfet.

Les allocations ci-dessus prévues peuvent être accordées jusqu'à concurrence de douze pour cent (12 p. 100) du nombre des hommes appelés momentanément sous les drapeaux.

Les hommes de la réserve de l'armée territoriale peuvent être soumis, pendant leur temps de service dans ladite réserve, à une revue d'appel pour laquelle la durée du déplacement imposé n'excédera pas une journée.

Les hommes de la réserve de l'armée territoriale, qui, en temps de guerre, sont affectés à la garde des voies de communication et des points importants du littoral, ou employés comme auxiliaires d'artillerie dans les places fortes et dans les ouvrages fortifiés du littoral, peuvent être, en temps de paix, astreints à des exercices spéciaux, dont la durée totale pendant les six années passées dans la réserve de l'armée territoriale n'excède pas sept jours.

Peuvent être dispensés des manœuvres, exercices ou revues d'appel, les hommes qui ont été classés dans le service auxiliaire.

Les militaires de la réserve, de l'armée territoriale et de la réserve de l'armée territoriale convoqués à une manœuvre, à une période d'exercices ou à un exercice spécial, ne peuvent obtenir aucun ajournement, sauf en cas de force majeure dûment justifié ; les bénéficiaires d'ajournement seront rappelés pour une période similaire, soit l'année suivante, soit deux ans après.

En aucun cas, l'ajournement ne peut être accordé deux fois de suite pour la même période d'instruction.

Dans le cas où les circonstances paraîtraient l'exiger, les Ministres de la Guerre et de la Marine sont autorisés à conserver provisoirement sous les drapeaux, au delà de la période réglementaire, les hommes appelés à un titre quelconque pour accomplir une période d'exercices. Notification de cette décision sera faite aux Chambres dans le plus bref délai possible.

Les hommes désignés dans l'article 5 comme devant être incorporés dans les bataillons d'infanterie légère d'Afrique et qui n'auront point été jugés dignes d'être envoyés dans d'autres corps, au moment où ils seront libérés du service actif, resteront affectés, lors de leur passage dans les réserves, aux bataillons d'infanterie légère d'Afrique. En temps de paix, ils accompliront leurs périodes d'exercices dans des unités désignées par le Ministre de la Guerre.

Les dispositions du dernier paragraphe seront applicables aux hommes qui, après avoir quitté l'armée active, ont encouru les condamnations spécifiées à l'article 5, sauf décision contraire du Ministre de la Guerre, après enquête sur leur conduite depuis leur sortie de prison.

Les dispositions de cet article ne sont pas applicables aux réservistes des équipages de la flotte provenant de l'engagement volontaire qui continuent à être régis par la loi du 15 juillet 1889.

Les réservistès de l'armée de mer qui rentrent dans les cas prévus à l'avant dernier alinéa de l'article ci-dessus sont affectés aux unités désignées par le Ministre de la Guerre et éliminés des réserves de l'armée de mer. (Chapitre XVIII de l'Instruction [Guerre] du 20 juin 1910 sur l'administration des réserves.)

ART. 42.

En cas de mobilisation, nul ne peut se prévaloir de la fonction ou de l'emploi qu'il occupe pour se soustraire aux obligations de la classe à laquelle il appartient.

Sont autorisés à ne pas rejoindre immédiatement, dans le cas de convocation par voie d'affiches et de publications sur la voie publique, les titulaires des fonctions et emplois désignés aux tableaux A, B et C annexés à la présente loi, sous la condition qu'ils occupent ces fonctions ou emplois depuis six mois au moins.

Peuvent être autorisés, à titre exceptionnel, à ne rejoindre leur corps d'affectation que dans un délai déterminé par le Ministre de la Guerre, les hommes des différentes catégories de réserves employés en temps de paix à certains services ou dans des établissements, usines, exploitations houillères, fabriques, etc., dont le bon fonctionnement est indispensable aux besoins de l'armée.

Les fonctionnaires et agents portés au tableau A, qui ne relèvent pas déjà des Ministres de la Guerre et de la Marine, sont mis à la disposition de ces Ministres et attendent leurs ordres dans leur situation respective.

Les fonctionnaires et agents du tableau B, qui ne comptent plus dans la réserve de l'armée active, et les fonctionnaires et agents du tableau C, même appartenant à la réserve de l'armée active, ne rejoignent leurs corps que sur ordres spéciaux.

Les hommes autorisés à ne pas rejoindre immédiatement sont, dès la publication de l'ordre de mobilisation, soumis à la juridiction des tribunaux militaires, par application de l'article 57 du Code de justice militaire.

Le personnel du tableau A, placé dès la publication du décret de mobilisation sous les ordres des Ministres de la Guerre ou de la Marine, est utilisé :

1° Pour former des corps ou des services spéciaux à la mobilisation.

(Sections techniques de chemins de fer de campagne ou de télégraphie, ba-
taillons de douaniers, de chasseurs forestiers, etc.);

2° *Dans les postes occupés en temps de paix, en vue de continuer à faire*
fonctionner des services d'intérêt général ou nécessaires aux besoins de l'ar-
mée et de la Marine.

Les fonctionnaires ou agents ainsi maintenus à leurs postes ne reçoivent
pas, en temps de paix, d'affectation pour le cas de mobilisation;

3° *Dans les corps de troupes, conformément au droit commun, pour tous*
les fonctionnaires ou agents du tableau A, qui n'entrent pas dans la compo-
sition des corps et services spéciaux ou dont le maintien à leurs postes en
temps de paix n'est pas nécessaire ou ne l'est que temporairement.

La 1ʳᵉ catégorie est celle de l'affectation spéciale; *la 2ᵉ celle des* non
affectés *et la 3ᵉ comprend des* hommes en sursis d'incorporation *ou dans*
le droit commun.

Le personnel des tableaux B et C forme la catégorie des non disponibles.

ART. 43.

Les hommes de la réserve et de l'armée territoriale appelés en cas de
mobilisation, ou convoqués pour des exercices, manœuvres ou revues,
sont considérés sous tous les rapports comme des militaires de l'armée
active et soumis dès lors à toutes les obligations imposées par les lois et
règlements en vigueur.

ART. 44.

Lorsque les hommes de la réserve et de l'armée territoriale, même
non présents sous les drapeaux, sont revêtus de la tenue militaire, ils
doivent à tout supérieur hiérarchique, en uniforme, les marques exté-
rieures de respect prescrites par les règlements militaires, et seront,
comme des militaires en congé, passibles des peines disciplinaires.

ART. 45.

Tout homme inscrit sur le registre matricule est astreint, s'il se déplace, aux obligations suivantes :

1° S'il se déplace pour changer de domicile ou de résidence, il fait
viser dans le délai d'un mois son livret individuel par la gendarmerie dont
relève la localité où il transporte son domicile ou sa résidence;

2° S'il se déplace pour voyager pendant plus de deux mois, il fait viser son livret avant son départ par la gendarmerie de sa résidence habituelle;

3° S'il va se fixer en pays étranger, il fait de même viser son livret avant son départ, et doit, en outre, dès son arrivée, prévenir l'agent consulaire de France le plus voisin, qui lui donne récépissé de sa déclaration et envoie copie de celle-ci dans les huit jours au Ministre de la Guerre.

À l'étranger, s'il se déplace pour changer de résidence, il en prévient, au départ et à l'arrivée, l'agent consulaire de France, qui en informe le Ministre de la Guerre.

Lorsqu'il rentre en France, il se conforme aux prescriptions du paragraphe premier du présent article.

ART. 46.

Les hommes qui se sont conformés aux prescriptions de l'article précédent ont droit, en cas de mobilisation ou de rappel de leur classe, à des délais supplémentaires pour rejoindre, calculés d'après la distance à parcourir.

Ceux qui ne s'y sont pas conformés sont considérés comme n'ayant pas changé de domicile ou de résidence.

ART. 47.

Les hommes de la réserve de l'armée active, de l'armée territoriale ou de sa réserve sont, en temps de paix, justiciables des tribunaux ordinaires et passibles des peines édictées par le Code de justice militaire lorsque, ayant été renvoyés dans leurs foyers depuis moins de six mois, ils commettent l'un des crimes ou délits prévus et punis par les articles dudit Code énumérés au tableau D annexé à la présente loi.

L'application de ces articles est faite aux inculpés sous la réserve des dispositions spéciales indiquées audit tableau.

ART. 48.

Les hommes de la réserve de l'armée active ainsi que les hommes envoyés en congé par application des articles 90 et 91 peuvent se marier sans autorisation. Ils restent soumis néanmoins à toutes les obligations de service imposées à leur classe.

Les réservistes qui sont pères de quatre enfants vivants passent de droit et définitivement dans l'armée territoriale.

Les pères de six enfants vivants passent de droit dans la réserve de l'armée territoriale.

ART. 49.

Tout militaire appartenant à l'armée active, à la réserve ou à l'armée territoriale, qui cessera d'être apte au service armé, pourra, sur l'avis des commissions de réforme, être versé dans le service auxiliaire.

TITRE IV.

DES ENGAGEMENTS VOLONTAIRES,
DES RENGAGEMENTS ET DES COMMISSIONS.

[Les dispositions contenues dans ce titre ne sont pas applicables à l'armée de mer. (Art. 101 de la loi.)]

CHAPITRE PREMIER.

Des engagements volontaires.

ART. 50.

(Modifié par la loi du 11 avril 1910.)

Tout Français ou naturalisé Français, comme il est dit aux articles 11 et 12 de la présente loi, ainsi que les jeunes gens qui doivent être inscrits sur les tableaux de recensement ou qui sont autorisés par les lois à servir dans l'armée française, peuvent être admis à contracter un engagement volontaire dans l'armée active, aux conditions suivantes.

L'engagé volontaire doit :

1° S'il entre dans les troupes métropolitaines, avoir dix-huit ans accomplis ;

S'il entre dans les troupes coloniales, avoir dix-huit ans accomplis et contracter un engagement de durée telle qu'il puisse séjourner deux années aux colonies, à partir du moment où il aura atteint vingt et un ans.

Cette dernière disposition ne s'applique pas aux jeunes gens résidant aux colonies ou dans les pays de protectorat, si les troupes coloniales où ils s'engagent sont stationnées dans leur colonie ou pays de protectorat ;

2° N'être ni marié, ni veuf avec enfants ;

3° N'avoir encouru aucune des condamnations tombant sous le coup de l'article 5 de la présente loi. Toutefois, les hommes incorporés dans les bataillons d'infanterie légère d'Afrique pourront contracter des rengagements renouvelables d'un an dans les conditions de l'article 54 de la présente loi ;

4° Jouir de ses droits civils ;

5° Être de bonnes vie et mœurs ;

6° S'il a moins de vingt ans, être pourvu du consentement de ses père, mère ou tuteur ; ce dernier doit être autorisé par une délibération du conseil de famille.

En cas de divorce ou de séparation de corps, le consentement de celui des époux auquel la garde de l'enfant aura été confiée sera nécessaire et suffisant.

Le consentement du directeur de l'Assistance publique dans le département de la Seine, et du préfet dans les autres départements, est nécessaire et suffisant pour les enfants désignés au paragraphe 3 de l'article 2 de la loi du 27 juin 1904.

L'engagé volontaire est tenu, pour justifier des conditions prescrites aux paragraphes 3, 4 et 5 ci-dessus, de produire un extrait de son casier judiciaire et un certificat délivré par le maire de son dernier domicile.

S'il ne compte pas au moins une année de séjour dans cette commune, il doit également produire un autre certificat du maire de la commune où il était antérieurement domicilié.

Le certificat doit contenir le signalement du jeune homme qui veut s'engager et mentionner la durée du temps pendant lequel il a été domicilié dans la commune.

Les hommes exemptés ou classés dans le service auxiliaire peuvent, jusqu'à l'âge de trente-deux ans accomplis, être admis à contracter des engagements volontaires s'ils réunissent les conditions d'aptitude physique exigées.

Les conditions relatives soit à l'aptitude physique et à l'admissibilité dans les différents corps de l'armée, soit aux époques de l'année où les engagements peuvent être contractés, soit au nombre maximum d'engagements à recevoir chaque année dans les différents corps de troupe, sont déterminées par décrets insérés au *Bulletin des lois*.

Il ne pourra être reçu d'engagements volontaires que pour les troupes

6.

coloniales, pour les corps d'infanterie, de cavalerie, d'artillerie, du génie et pour le train des équipages militaires.

Tous les ans, mais seulement dans une proportion qui ne pourra dépasser quatre pour cent (4 p. 100) de l'effectif de la dernière classe incorporée, les jeunes gens âgés d'au moins dix-huit ans, remplissant les conditions d'aptitude physique ainsi que les autres conditions énumérées au présent article, et pourvus du certificat d'aptitude militaire institué par la loi du 8 avril 1903, seront admis par ordre de mérite à contracter, au moment de l'incorporation de la classe, un engagement spécial de trois ans — dit de devancement d'appel — avec la faculté d'être mis en congé après deux années de service, s'ils ont :

1° Obtenu le certificat d'aptitude aux fonctions de chef de section ;

2° Pris l'engagement d'effectuer tous les trois ans, pendant la durée de leurs obligations militaires, des périodes de quatre semaines dans la réserve et de deux semaines dans la territoriale.

Leur affectation aux divers corps de troupes sera faite par les bureaux de recrutement.

Les engagements pour l'armée de mer sont réglés par les lois spéciales à cette armée.

Les lois spéciales à l'armée de mer sont, jusqu'au vote d'une nouvelle loi sur le recrutement de l'armée de mer :

1° La loi du 22 juillet 1886 relative aux engagements à long terme ;

2° Les articles 59 à 63 de la loi du 15 juillet 1889 maintenus en vigueur pour l'armée de mer par l'article 101 de la loi du 21 mars 1905.

Pour les engagements dans l'armée de terre, voir le décret du 27 juin 1905 modifié les 11 septembre 1906, 3 juin 1910, 13 février 1911.

Pour les engagements dans les troupes coloniales, voir décret du 25 août 1905.

Toutes les pièces d'état-civil, certificats, etc., relatives au recrutement de l'armée, à la signature des engagements volontaires, sont dispensées du droit de timbre, pourvu que leur destination soit mentionnée sur les documents eux-mêmes. Elles doivent, en outre, être délivrées sans frais (lois des 13 brumaire et 22 frimaire an VII).

ART. 51.

Les jeunes gens réunissant les conditions prévues à l'article 50 ci-dessus peuvent contracter, soit pour les troupes métropolitaines, soit pour les troupes coloniales, des engagements de trois, quatre ou cinq ans, sous réserve toutefois, pour les troupes coloniales, de la restriction imposée par le paragraphe 1er de l'article 5o.

En outre, les jeunes gens qui viennent d'être portés sur les tableaux de recensement peuvent, à partir du 15 janvier et jusqu'au 1er avril de la même année, contracter pour les troupes coloniales un engagement valable jusqu'à la libération de la classe à laquelle ils appartiennent.

Le service militaire compte, pour les engagés, du jour de la signature de l'acte d'engagement. Ils passent dans la réserve à l'expiration de leur service actif et suivent ensuite le sort de la classe incorporée dans l'année de leur engagement.

ART. 52.

En cas de guerre, tout Français ayant accompli le temps de service prescrit pour l'armée active, sa réserve de ladite armée et l'armée territoriale est admis à contracter, dans un corps de son choix, un engagement pour la durée de la guerre.

Cette faculté cesse pour les hommes de la réserve de l'armée territoriale lorsque leur classe est rappelée à l'activité.

En cas de guerre continentale, le Ministre de la Guerre peut être autorisé par décret du Président de la République à accepter comme engagés volontaires pour la durée de la guerre les jeunes gens ayant dix-sept ans; il fixe les conditions suivant lesquelles ces engagements peuvent être reçus.

Le temps ainsi passé sous les drapeaux sera, pour ces engagés, déduit des deux années de service actif.

ART. 53.

Les engagements volontaires sont contractés dans les formes prescrites par les articles 34, 35, 36, 37, 38, 39, 40, 42 et 44 du Code civil, devant les maires des chefs-lieux de canton en France, devant les officiers de l'état civil désignés par décret en Algérie et par arrêtés des gouverneurs dans les colonies ou résidents généraux dans les pays de protectorat.

Les conditions relatives à la durée de ces engagements sont insérées dans l'acte même.

Les autres conditions sont lues aux contractants avant la signature, et mention en est faite à la fin de l'acte.

Dès qu'il a reçu un engagement, le maire est tenu d'aviser le commandant de recrutement dont relève l'engagé, qui prend les mesures nécessaires pour faire délivrer à celui-ci ou faire notifier à son domicile une feuille de route pour rejoindre son corps.

CHAPITRE II.

Des rengagements.

ART. 54.

(Modifié par la loi du 10 juillet 1907.)

Les militaires de toutes armes peuvent, avec le consentement du conseil de régiment, contracter des rengagements d'un an, dix-huit mois, deux ans, deux ans et demi et trois ans. Pour les militaires des troupes coloniales et du régiment des sapeurs-pompiers de Paris, non pourvus du grade de sous-officier, ce consentement est remplacé par celui du chef de corps.

Les militaires des troupes coloniales, du régiment des sapeurs-pompiers et les sous-officiers des troupes métropolitaines peuvent, en outre, contracter des rengagements de quatre à cinq ans.

La faculté de contracter un rengagement est accordée à tout militaire en activité qui compte au moins une année de service dans les troupes métropolitaines ou six mois dans les troupes coloniales. Ce rengagement date du jour de l'expiration légale du service dans l'armée active. La même faculté est accordée aux militaires libérés qui ont quitté le service depuis moins de deux ans, s'ils désirent entrer dans les troupes métropolitaines; à tous les militaires libérés comptant moins de trente-six ans d'âge, s'ils désirent entrer dans les troupes coloniales.

Toutefois, le militaire libéré ne peut rengager que pour trois ans au moins dans les troupes coloniales. Dans les troupes métropolitaines, le rengagement minimum qu'il peut contracter doit lui permettre de compléter au moins quatre ans de service.

Les rengagements sont renouvelables jusqu'à une durée totale de quinze années de service pour les sous-officiers ou anciens sous-officiers de l'armée métropolitaine, les militaires de tous grades de l'armée coloniale et du régiment des sapeurs-pompiers de Paris; de huit années pour les brigadiers dans les régiments de cavalerie et d'artillerie des divisions de cavalerie et de cinq années pour les caporaux, brigadiers et soldats des autres troupes métropolitaines, la durée du dernier rengagement étant calculée en conséquence et pouvant compter des fractions d'année.

Le nombre des rengagements dans chaque corps est fixé par le Ministre de la Guerre.

ART. 55.

(Modifié par la loi du 10 juillet 1907.)

Les simples soldats ne peuvent contracter des rengagements d'un an que pour les troupes coloniales, le régiment de sapeurs-pompiers de Paris, les troupes à cheval (artillerie et cavalerie) et un certain nombre de corps des régions frontières désignés chaque année par le Ministre. Ils peuvent contracter des rengagements de dix-huit mois, deux ans, deux ans et demi et trois ans, soit pour le corps dans lequel ils servent, soit pour tout autre corps faisant partie des troupes métropolitaines ou coloniales.

Les sous-officiers, caporaux et brigadiers sont, en principe, rengagés pour le corps dans lequel ils servent ou ont servi; toutefois, ils peuvent être, sur leur demande, rengagés pour un autre corps dans lequel le nombre des rengagés et commissionnés n'atteindrait pas le complet réglementaire. Ils conservent leur grade, même s'ils ont quitté le service depuis plus de six mois, sauf le cas où ils se rengagent dans une arme autre que leur arme d'origine ou dans le régiment de sapeurs-pompiers de Paris. Dans ce cas, ils ne peuvent rentrer au service que comme simples soldats.

Le Ministre de la Guerre peut toujours, dans l'intérêt du service, prononcer d'office le changement de corps d'un militaire rengagé.

ART. 56.

Tout militaire des troupes métropolitaines peut demander son passage dans les troupes coloniales à condition d'avoir au moins deux ans et trois mois de service à accomplir. S'il est lié au service pour une durée moindre, il peut demander à la porter à deux ans et trois mois pour passer dans les troupes coloniales.

Le militaire gradé des troupes métropolitaines, qui passe dans les troupes coloniales, ne conserve son grade qu'en cas d'insuffisance du nombre des gradés dans le corps de troupes où il entre.

Ces dispositions sont applicables aux militaires de la Légion étrangère naturalisés Français.

Les militaires des troupes coloniales ne sont pas autorisés à demander leur passage aux troupes métropolitaines; toutefois, les demandes de permutation entre sous-officiers peuvent être admises dans les conditions déterminées par le Ministre.

ART. 57.

Les rengagements sont contractés devant les sous-intendants, les commissaires des troupes coloniales ou, à défaut, devant l'officier qui est leur suppléant légal, dans la forme prescrite par l'article 53 ci-dessus, sur la preuve que le contractant peut rester ou être admis dans le corps pour lequel il se présente.

Art. 58.

Peuvent être maintenus sous les drapeaux en qualité de commissionnés :

1° Les sous-officiers de toutes armes qui ont accompli au moins dix ans de service effectif et qui sont arrivés à l'expiration du rengagement les liant au service;

2° Les militaires de la gendarmerie, de la justice militaire, du régiment de sapeurs-pompiers de Paris, les cavaliers de remonte et le personnel employé dans les écoles militaires, ainsi que les caporaux et soldats des troupes coloniales;

3° Les caporaux ou brigadiers et soldats affectés dans les divers corps et services à certains emplois énumérés aux tableaux H et I.

Les militaires commissionnés sont soumis aux lois et règlements militaires.

Sauf le cas prévu à l'article 67, ils ne peuvent quitter leur emploi sans avoir reçu notification de l'acceptation de leur démission. La décision du Ministre de la Guerre devra être transmise dans un délai maximum de deux mois, augmenté hors de France des délais de distance, à partir de la date de la remise de la démission.

En cas de guerre, les démissions ne sont jamais acceptées.

Les dispositions de l'article 55 relatives aux changements de corps des sous-officiers rengagés sont applicables aux commissionnés.

Tout militaire commissionné pourra être mis à la retraite après vingt-cinq ans de service.

Ceux qui sont affectés aux emplois prévus au tableau H ne pourront être maintenus que jusqu'à l'âge de cinquante ans.

Les militaires de la gendarmerie, les maîtres ouvriers et les militaires qui occupent les emplois prévus au tableau I pourront être maintenus au delà de cette limite dans les conditions fixées par les règlements constitutifs de l'arme et des services intéressés, sans pouvoir en aucun cas être maintenus au delà de l'âge de soixante ans.

Peuvent être réadmis en qualité de commissionnés, dans les catégories mentionnées aux paragraphes 2 et 3 ci-dessus, les militaires ayant accompli le temps de service exigé dans l'armée active et rentrés dans leurs foyers depuis moins de trois ans.

Les commissionnés ne peuvent remplir d'autres emplois que ceux prévus aux tableaux H et I ci-dessus visés.

A défaut de commissionnés, ces emplois peuvent être occupés par des militaires d'autres catégories.

ART. 59.

(Modifié par les lois des 16 juillet 1906 et 10 juillet 1907.)

Dans les troupes métropolitaines, le nombre des sous-officiers de chaque corps de troupes restés sous les drapeaux au delà de la durée légale du service en vertu d'une commission ou d'un rengagement est fixé aux trois quarts de l'effectif total des militaires de ce grade.

Le nombre des brigadiers dans les mêmes conditions est fixé à la moitié de l'effectif total dans la cavalerie et l'artillerie des divisions de cavalerie, celui des caporaux et brigadiers est fixé au quart de l'effectif total dans les autres armes.

Pour l'arme de la cavalerie, ne seront pas compris dans les trois quarts des rengagés les sous-officiers du petit état-major et du peloton hors rang.

Pour les simples soldats rengagés d'un an, leur nombre dans l'ensemble d'un corps de troupes pourra atteindre, mais non dépasser huit pour cent (8 p. 100) de l'effectif de mobilisation des compagnies du temps de paix dans les troupes à pied et le train des équipages, et quinze pour cent (15 p. 100) de l'effectif de mobilisation des escadrons et batteries du temps de paix dans les troupes à cheval.

Dans le régiment de sapeurs-pompiers de Paris, le nombre des rengagés peut atteindre la totalité de l'effectif.

CHAPITRE III.

Avantages assurés aux engagés et rengagés.

———

ART. 60.

Les jeunes gens qui contractent un engagement ont le droit de choisir leur arme et leur corps, sous réserve des conditions d'aptitude physique exigées pour cette arme et des autres dispositions portées à l'article 50.

Tout militaire lié au service pour une durée supérieure à la durée légale a droit, à partir du commencement de la troisième année de présence sous les drapeaux, à une haute paye journalière dont le tarif est fixé par le Ministre de la guerre pour chaque grade et pour chacune des catégories ci-après :

1° Troupes et services de l'armée coloniale ;

2° Cavalerie et artillerie des divisions de cavalerie ;

3° Autres troupes et services de l'armée métropolitaine.

Ces hautes payes pourront être augmentées pour certains corps.

Le droit à la haute paye journalière est suspendu pendant le cours des punitions supérieures à huit jours de prison et des punitions de cellule.

ART. 61.

(Modifié par la loi du 10 juillet 1907.)

Tout militaire des troupes métropolitaines qui contracte un engagement ou rengagement de manière à porter la durée de son service à quatre ou cinq années, a droit à une prime proportionnelle au temps qu'il s'engage à passer sous les drapeaux en sus des trois premières années.

Le Ministre de la guerre fait connaître annuellement, à la date du 1er janvier, le tarif de la prime des sous-officiers et celui de la prime des caporaux, brigadiers et soldats. Ces tarifs sont variables suivant les corps.

Les militaires des troupes coloniales, y compris ceux ayant contracté un engagement dans les conditions prévues au deuxième alinéa de l'article 51, bénéficient de l'allocation de la prime à partir du commencement de leur troisième année de service et jusqu'à la dixième inclusivement.

La moitié de la prime est acquise à l'engagé volontaire le jour de la signature de son engagement; le reste de la prime, ou une partie à son choix, lui sera payée avant l'expiration de la durée légale du service pendant sa troisième année de service.

Il en sera de même du rengagé. qui recevra une partie ou la totalité de la prime à son choix le jour de son rengagement.

Le reliquat, s'il y a lieu, sera payé soit par annuités égales, soit en un seul versement, lorsque l'engagé ou le rengagé quittera le service. La partie de la prime constituant le dernier versement est augmentée de l'intérêt simple à 2,50 p. o/o.

Si, dans le cours d'un engagement ou rengagement, le militaire qui a bénéficié d'une prime est nommé sous-officier, la différence entre cette prime et celle de sous-officier lui est rappelée pour une part proportionnelle au temps de service qui lui reste à accomplir,

Si, dans le cours d'un engagement ou rengagement, le tarif de la prime vient à être modifié dans un corps, le militaire bénéficie pour la portion de prime non encore touchée du tarif nouveau.

Le militaire de l'armée métropolitaine, qui passe dans l'armée coloniale, a droit au rappel de la différence entre la prime dont il avait bénéficié et celle existant dans l'armée coloniale, seulement pour une part proportionnelle au temps qui lui reste à accomplir dans cette dernière.

ART. 62.

Les sous-officiers de toutes armes restant sous les drapeaux au-delà de cinq années de service ont droit, à partir du commencement de la sixième année, à une solde spéciale dont les tarifs sont réglés par décret du président de la République, et qui est perçue dans les mêmes conditions que celle des officiers.

Cette solde exclut toute autre indemnité ou allocation en nature, sauf les indemnités de marches, de manœuvres, de logement, de résidence et de rassemblement, s'il y a lieu, ainsi que les allocations en nature qui peuvent être attribuées aux troupes en campagne et les allocations réglementaires relatives à l'habillement.

ART. 63.

Les sous-officiers qui ont accompli la durée légale du service et qui sont autorisés à loger en ville, ont droit à une indemnité de logement dont les tarifs sont fixés par le Ministre de la guerre, suivant les garnisons.

ART. 64.

(Modifié par la loi du 10 juillet 1907.)

Les militaires ayant accompli au moins trois ans de service ou une période de séjour aux colonies sont dispensés de la première des périodes d'exercices de la réserve.

Ceux ayant accompli au moins quatre ans de service sont dispensés des deux périodes d'exercice dans la réserve.

ART. 65.

Les militaires de toutes armes qui quittent les drapeaux après quinze ans de service effectif ont droit à une pension proportionnelle à la durée de leur service ; après vingt-cinq ans de service, ils ont droit à une pension de retraite.

Ceux qui jouiront de ces pensions et qui seront titulaires du grade de sous-officier au moment où ils quitteront le service actif seront pendant cinq ans au moins et, en tous cas, jusqu'à leur libération définitive, à la disposition du Ministre de la guerre pour les cadres de la réserve et de l'armée territoriale.

La pension se règle sur le grade et l'emploi dont le militaire est titulaire, s'il en est investi depuis deux années consécutives, et sur le grade ou l'emploi inférieur dans le cas contraire.

Les taux des pensions et des pensions proportionnelles sont décomptés d'après les articles non abrogés de la loi du 11 avril 1831, d'après les lois du 25 juin 1861, du 18 août 1879 et le tarif joint à la loi du 11 juillet 1899.

Les autres conditions sont déterminées par un règlement inséré au *Bulletin des Lois*.

La pension s'ajoute toujours au traitement afférent à l'emploi civil dont le pensionnaire peut être pourvu aux termes des articles ci-après.

Les militaires qui obtiendraient d'être commissionnés après avoir quitté les drapeaux ne pourront réclamer la pension de retraite ou la pension proportionnelle qu'après avoir servi cinq ans en cette nouvelle qualité.

Les dispositions du présent article ne s'appliquent pas aux pensions des militaires de la gendarmerie qui sont régies par des dispositions spéciales.

Les sous-officiers de toutes armes qui, après avoir servi cinq ans au moins comme rengagés, seront réformés avant d'avoir acquis des droits à la pension proportionnelle toucheront, pendant un temps égal à la moitié de la durée de leurs services effectifs, une solde de réforme égale au montant de la pension proportionnelle de leur grade.

Si, en raison de l'origine des blessures ou infirmités qui ont entraîné la réforme, le sous-officier a bénéficié, en outre, d'une gratification de réforme, temporaire ou permanente, le payement de celle-ci sera suspendu aussi longtemps que le titulaire jouira de la solde de réforme.

ART. 66.

Tout militaire engagé ou rengagé qui, étant sous les drapeaux, subit une condamnation, soit à la peine des travaux publics, soit à celle de l'emprisonnement pour une durée de trois mois au moins, est déchu de tous ses droits à la haute paye et à la dispense des périodes d'instruction.

Le militaire qui a encouru la peine des travaux publics est également déchu de ses droits à la pension proportionnelle.

En outre, si la condamnation tombe sous le coup de l'article 5 de la présente loi, il sera dirigé, à l'expiration de sa peine, sur un bataillon d'infanterie légère d'Afrique.

La même mesure sera prise à l'égard de l'engagé ou du rengagé qui, ayant été, par un seul jugement, déclaré coupable d'un crime ou d'un délit militaire et d'un des crimes et délits spécifiés aux premier et deuxième alinéas de l'article 5, aura été condamné à la peine des travaux publics par application de l'article 135 du Code de justice militaire.

Les dispositions de l'article 5, dernier alinéa, sont applicables aux militaires dirigés sur les bataillons d'Afrique en exécution du présent article.

Le droit à la haute paye est temporairement suspendu :

1° Pour tout militaire engagé ou rengagé, envoyé par mesure disciplinaire dans une compagnie de discipline, pendant la durée de son séjour dans cette compagnie ;

2° Pour tout rengagé des régiments étrangers, des régiments de tirailleurs algériens et des bataillons d'infanterie légère d'Afrique, envoyé par mesure disciplinaire à la section de discipline de son corps, pendant la durée de son séjour à ladite section.

ART. 67.

L'admission d'office à la retraite proportionnelle ou la révocation des sous-officiers, caporaux, brigadiers et soldats commissionnés, sont prononcées par le Ministre ou par le général commandant le corps d'armée délégué, d'après l'avis d'un conseil d'enquête constitué suivant les règlements militaires en vigueur. Cet avis ne peut être modifié qu'en faveur de l'intéressé.

La commission est, en outre, retirée de plein droit lorsque, ayant été délivrée en vertu d'un emploi ou d'un traité déterminé, cet emploi est supprimé ou le traité est résilié ou vient à expiration.

ART. 68.

La rétrogradation ou la cassation des sous-officiers, brigadiers ou caporaux rengagés est prononcée par le ministre ou par le général commandant le corps d'armée, délégué, d'après l'avis du conseil d'enquête constitué suivant les règlements actuellement en vigueur pour les sous-officiers. Cet avis ne peut être modifié qu'en faveur de l'intéressé.

CHAPITRE IV.
Des emplois réservés aux engagés et rengagés.

ART. 69.

(Modifié par la loi du 10 juillet 1907.)

Les emplois désignés au tableau E, annexé à la présente loi, sont réservés, dans les proportions indiquées audit tableau, aux sous-officiers de toutes armes qui ont accompli au moins dix ans de service et qui ont obtenu, en raison de leur manière de servir, l'avis favorable du conseil de régiment, ainsi qu'un certificat d'aptitude professionnelle.

Les emplois désignés au tableau F, également annexé à la présente loi, sont réservés, dans les mêmes conditions, aux sous-officiers, brigadiers et caporaux de toutes armes qui ont accompli au moins quatre ans de service et aux simples soldats ayant accompli cinq ans de service dans la cavalerie ou l'artillerie des divisions de cavalerie. Un certain nombre des emplois de ce dernier tableau sont réservés aux militaires de tous grades de l'armée coloniale ayant accompli quinze années de service, dont dix au moins dans l'armée coloniale; ces militaires ont également droit aux emplois du même tableau.

Les emplois désignés au tableau G, également annexé à la présente loi, sont réservés dans les mêmes conditions aux simples soldats de toutes armes ayant accompli au moins quatre ans de service.

Les militaires et les marins engagés et rengagés pourront être admis à prendre du service dans la garde républicaine et dans la gendarmerie; ils devront justifier des aptitudes physiques requises, avoir accompli quatre ans de service actif et être âgés de vingt-cinq ans révolus.

Toutefois, pourront être admis dans les mêmes corps, en qualité d'élèves gardes ou d'élèves gendarmes, les militaires et les marins engagés et rengagés qui, n'ayant pas atteint l'âge de vingt-cinq ans, ont accompli quatre ans de service actif.

Un règlement d'administration publique répartit les emplois, de chaque tableau en catégories et détermine le mode d'obtention du certificat d'aptitude professionnelle pour chacune de ces catégories.

Voir : Décret du 26 août 1905 modifié — Instruction (guerre) des 1er et 8 octobre 1906.

ART. 70.

Le classement des candidats aux emplois est opéré par une commission nommée par décret du président de la République sur le rapport du Ministre de la guerre et composée :

D'un général de division, président ;

De trois directeurs d'armes du ministère de la guerre et du directeur des troupes coloniales ;

D'un maître des requêtes au Conseil d'État ;

D'un fonctionnaire du corps de contrôle de l'administration de l'armée ;

D'un délégué de chacun des ministères autres que celui de la guerre, et d'un délégué du sous-secrétariat des postes et télégraphes ;

D'un fonctionnaire civil de l'administration centrale de la guerre, secrétaire.

Les compagnies ou administrations étrangères à l'État, qui consentent à attribuer des emplois aux anciens militaires, sont représentées respectivement dans la commission par le délégué du ministère qui se trouve plus spécialement en relations avec elles.

Le secrétaire de la commission est chargé, sous l'autorité du général président, de la centralisation de tous les renseignements et dossiers concernant les candidats, de l'examen des améliorations à apporter dans la collation des emplois, des mesures à prendre pour assurer l'application de la loi, enfin de l'étude des propositions à adresser au Ministre de la guerre en vue des modifications à introduire dans les tableaux E, F et G par suite de créations ou de transformations d'emplois. Ces dernières modifications devront faire l'objet de règlements d'administration publique rendus sur la proposition du Ministre de la guerre.

Les modifications à l'organisation administrative entraînant des suppressions d'emplois, des changements dans leur dénomination ou dans leur répartition par classes, doivent être notifiées à la commission de classement par l'administration intéressée.

ART. 71.

Aucune entreprise industrielle ou commerciale ne pourra, à l'avenir, obtenir un monopole ou une subvention de l'État, du département ou de la commune, qu'à la condition de réserver aux anciens militaires remplissant les conditions prévues à l'article 69 un certain nombre d'emplois à déterminer par le cahier des charges.

ART. 72.

Les divers départements ministériels ou administrations desquelles dépendent les emplois mentionnés aux tableaux E, F et G adressent, dans le courant de décembre de chaque année, au Ministre de la guerre un état de prévision du nombre des emplois de chaque espèce dont la vacance est à prévoir dans le cours de l'année suivante.

Cet état de prévision est notifié à tous les corps de troupes et porté à la connaissance des candidats par les chefs de corps.

Au commencement de chaque trimestre, les chefs de corps adressent au ministre de la guerre les dossiers de demandes des candidats dont le temps de service expire dans le trimestre qui s'ouvrira trois mois plus tard.

Les candidats peuvent demander plusieurs emplois en indiquant leur ordre de préférence.

Les militaires à qui sont ouverts les emplois du tableau E ont la faculté de concourir pour les emplois des tableaux F et G; ceux à qui sont ouverts les emplois du tableau F ont la faculté de concourir pour les emplois du tableau G.

La commission se réunit dans le cours du trimestre et opère, dans chaque catégorie, le classement des candidats par ordre de mérite et en tenant compte de la durée des services effectifs, sans que toutefois ceux-ci puissent être comptés pour plus de quinze années; les emplois sont ensuite attribués suivant ce classement et suivant l'ordre de préférence de chacun des candidats. Chacun d'eux n'est désigné que pour un seul emploi. Notification du classement établi et de l'attribution des emplois est adressée aux corps de troupes.

Les tableaux de classement sont publiés au *Journal officiel*.

Si les demandes de certains candidats n'ont pu recevoir satisfaction, ils sont avisés d'avoir à attendre le classement trimestriel suivant ou d'accepter l'un des emplois qui pourront leur être offerts faute de ceux qu'ils avaient demandés.

ART. 73.

Les nominations doivent être faites dans l'ordre du classement adopté par la commission et transmis par elle aux ministères et administrations intéressés. Elles sont insérées, quelle que soit l'autorité dont elles émanent, au *Journal officiel*. Pour les emplois dont les militaires ne peuvent bénéficier que dans une certaine proportion, le libellé de la nomination doit faire ressortir qu'elle est conférée au titre militaire ou au titre civil, suivant un tour régulièrement fixé.

Lorsqu'une vacance ne peut être imputée au tour appartenant aux militaires, faute de candidat classé dans cette catégorie, la vacance est dévolue à un candidat civil et la cause en est mentionnée à la suite de la nomination.

Toute nomination non insérée au *Journal officiel* est nulle et non avenue, sans que cette nullité puisse être opposée aux tiers.

Le premier payement pour les traitements afférents aux emplois prévus aux tableaux E, F et G, quelle que soit l'origine des titulaires, ne pourra avoir lieu sans que le mandat fasse mention du numéro du *Journal officiel* dans lequel la nomination a été publiée.

Les administrations étrangères à l'État adressent au secrétariat de la commission le compte-rendu des nominations qu'elles ont faites au fur et à mesure qu'elles se produisent.

Les militaires régulièrement inscrits sur les listes de classement peuvent porter, devant le Conseil d'État, statuant au contentieux, leurs réclamations contre les décisions des autorités compétentes, qui auront nommé des militaires à des emplois sans tenir compte de leur ordre de classement ou de la proportion exclusivement attribuée aux candidats militaires.

Ces pourvois sont dispensés de l'intervention d'un avocat au Conseil d'État.

ART. 74.

Les nominations aux emplois ne peuvent avoir lieu plus de trois mois avant l'expiration légale du temps de service du candidat.

En cas d'insuffisance d'emplois, les candidats sont autorisés à attendre au corps leur nomination à l'emploi qu'ils ont sollicité ou accepté : pendant deux ans, s'il s'agit d'un emploi du tableau E; pendant un an, s'il s'agit d'un emploi du tableau F ou du tableau G. Dans ce cas, ils sont assimilés aux commissionnés, continuent à faire leur service et ne sont pas remplacés dans leur grade ou emploi militaire.

ART. 75.

Les militaires remplissant les conditions pour obtenir les emplois civils, et qui ont quitté le service sans les avoir sollicités, peuvent néanmoins, dans les cinq années qui suivent leur libération, adresser une demande d'emploi par l'intermédiaire de la gendarmerie. Le général commandant la subdivision de leur domicile établit alors leur dossier et les convoque, s'il y a lieu, pour subir les examens professionnels.

Les militaires réformés ou retraités par suite de blessures ou infirmités contractées au service, peuvent profiter des dispositions de l'article 69, quel que soit le temps passé par eux au service, s'ils remplissent les conditions d'âge et d'aptitude fixées pour l'emploi qu'ils sollicitent.

Les anciens militaires qui se sont démis volontairement d'un des emplois prévus aux tableaux E, F et G ne peuvent plus concourir au titre militaire pour un emploi réservé.

ART. 76.

Chaque année, le président de la commission adresse au ministre de la guerre un compte-rendu de ses opérations, faisant connaître également le nombre de nominations effectuées dans les différents emplois. Ce compte-rendu est inséré au *Journal officiel* et annexé au compte-rendu des opérations du recrutement adressé chaque année, par le Ministre de la guerre, aux deux Chambres, en exécution de l'article 95 de la présente loi.

ART. 77.

Les sous-officiers des troupes coloniales qui se retirent après huit ans de service dans ces troupes, et les caporaux, brigadiers ou soldats de ces mêmes troupes, qui se retirent après quinze ans de service, dont dix dans l'armée coloniale, peuvent, s'ils sont mariés ou veufs avec enfants, et s'ils en font la demande, recevoir, dans l'année qui suit leur libération, un titre de concession sur les terres disponibles en Algérie et dans les colonies. Cette concession leur sera accordée dans les mêmes conditions que celles qui sont faites aux autres colons.

ART. 78.

Un tableau, faisant connaître les divers avantages réservés aux militaires engagés et rengagés, les principaux emplois offerts aux militaires remplissant les conditions énumérées à l'article 69 et les tarifs annuels des primes et hautes payes des différents corps de troupes, est adressé, au commencement de chaque année, aux mairies de toutes les communes, aux bureaux de recrutement et aux chefs de corps. Ce tableau reste affiché dans un endroit apparent jusqu'à ce qu'il soit remplacé par le tableau de l'année suivante.

En outre, des tableaux détaillés des emplois portés aux tableaux E, F et G sont envoyés, par le secrétariat de la commission, à tous les maires et à tous les corps de troupes. Ces tableaux indiquent, pour chaque nature d'emploi, le traitement fixe, les indemnités ou accessoires, les conditions d'admissibilité, ainsi que les moyennes présumées des vacances annuelles. Ils doivent être mis à la disposition des personnes désirant les consulter.

TITRE V.

DISPOSITIONS PÉNALES.

ART. 79.

Toutes fraudes ou manœuvres par suite desquelles un jeune homme a été omis sur les tableaux de recensement, sont déférées aux tribunaux ordinaires et punies d'un emprisonnement d'un mois à un an.

Sont déférés aux mêmes tribunaux et punis de la même peine :

1° Les jeunes gens appelés qui, par suite d'un concert frauduleux, se sont abstenus de comparaître devant le conseil de revision;

2° Les jeunes gens qui, à l'aide de fraudes ou manœuvres, se font exempter par un conseil de revision, sans préjudice de peines plus graves en cas de faux.

Les auteurs ou complices sont punis des mêmes peines.

Si le jeune homme omis a été condamné comme auteur ou complice de fraudes ou manœuvres, les dispositions des articles 15 et 16 de la présente loi lui sont appliquées.

Le jeune homme indûment exempté est rétabli en tête de la première partie de la classe appelée, après qu'il a été reconnu que l'exemption avait été indûment accordée.

ART. 80.

Tout homme prévenu de s'être rendu impropre au service militaire, soit temporairement, soit d'une manière permanente, dans le but de se soustraire aux obligations imposées par la présente loi, est déféré aux tribunaux, soit sur la demande des conseils de revision, soit d'office. S'il est reconnu coupable, il est puni d'un emprisonnement d'un mois à un an.

Sont également déférés aux tribunaux et punis de la même peine, les jeunes gens qui, dans l'intervalle de la clôture de la liste cantonale à leur mise en activité, se sont rendus coupables du même délit.

A l'expiration de leur peine, les uns et les autres sont mis à la disposition du Ministre de la guerre pour tout le temps du service militaire qu'ils doivent à l'État et sont envoyés dans une compagnie de discipline.

Les complices sont punis de la peine prévue aux alinéas 1 et 2 du présent article et, s'ils n'ont pas encore terminé la durée légale de leur service sous les drapeaux, les dispositions du troisième alinéa leur sont applicables.

Si les complices sont des médecins, des officiers de santé ou des pharmaciens, la durée de l'emprisonnement est pour eux de deux mois à deux ans, indépendamment d'une amende de deux cents francs (200 fr.) à mille francs (1,000 fr.) qui peut être aussi prononcée et sans préjudice de peines plus graves, dans les cas prévus par le Code pénal.

ART. 81.

Les médecins militaires ou civils qui, appelés au conseil de revision à l'effet de donner leur avis, conformément aux articles 16, 17, 18 et 19 de la présente loi ont reçu des dons ou agréé des promesses pour être favorables aux jeunes gens qu'ils doivent examiner, sont punis d'un emprisonnement de deux mois à deux ans, sans préjudice des peines plus graves prononcées par l'article 262 du Code de justice militaire, quand il s'agit de médecins militaires ayant commis le délit prévu par ledit article.

Cette peine leur est appliquée, soit qu'au moment des dons ou promesses ils aient déjà été désignés pour assister au conseil de revision, soit que les dons ou promesses aient été agréés en prévision des fonctions qu'ils auraient à y remplir.

Il leur est défendu, sous la même peine, de rien recevoir, même pour une exemption justement prononcée.

Ceux qui leur ont fait des dons ou promesses sont punis de la même peine.

ART. 82.

Tout fonctionnaire ou officier public, civil ou militaire, qui, sous quelque prétexte que ce soit, a autorisé ou admis des exclusions ou exemptions autres que celles déterminées par la présente loi, ou qui aura donné arbitrairement une extension quelconque soit à la durée, soit aux règles ou conditions des appels, des engagements ou des rengagements, sera coupable d'abus d'autorité et puni des peines portées dans l'article 185 du Code pénal, sans préjudice des peines plus graves prononcées par ce Code dans les autres cas qu'il a prévus et des peines prononcées par l'article 261 du Code de justice militaire, quand il s'agit de militaires coupables d'un des crimes prévus par ledit article.

ART. 83.

(Modifié par les lois du 25 mars 1909 et 13 mars 1912.)

Tout jeune soldat appelé, ou tout autre militaire dans ses foyers rappelé à l'activité, à qui un ordre de route a été régulièrement notifié et qui, hors le cas de force majeure, n'est pas arrivé à sa destination au jour fixé par cet ordre, est, après un délai de trente jours en temps de paix, considéré comme insoumis et puni des peines portées par l'article 230 du Code de justice militaire.

Est également considéré comme insoumis, tout engagé volontaire et tout militaire ayant contracté un rengagement après renvoi dans ses foyers, qui, hors le cas de force majeure, n'est pas arrivé à sa destination, en temps de paix, dans les trente jours qui suivent le jour fixé par sa feuille de route.

La notification de l'ordre de route est faite, pour les appelés, au domicile, et, en cas d'absence, au maire de la commune dans laquelle l'appelé a été porté sur la liste de recensement.

Pour les militaires rappelés, la notification est faite à la résidence déclarée et, en cas d'absence, au maire du domicile.

Le délai d'insoumission est porté en temps de paix : à deux mois, pour les hommes affectés à des corps de l'intérieur, qui demeurent en Algérie, en Tunisie ou hors de France en Europe, et pour les hommes affectés à des corps d'Algérie demeurant en Tunisie ou en Europe; à six mois pour les hommes demeurant dans tout autre pays.

Si l'insoumis appartient à un corps mobilisé ou faisant partie de troupes d'opérations, ou si son corps est stationné sur un territoire compris dans la zone des armées, les délais fixés par les paragraphes 1 et 2 sont réduits à deux jours et ceux fixés par le paragraphe 5 sont réduits de moitié. Dans ce cas, les noms des insoumis sont affichés, pendant toute la durée de la mobilisation ou des opérations, dans toutes les communes du canton de leur domicile; les insoumis qui sont condamnés sont, à l'expiration de leur peine, envoyés dans une compagnie de discipline.

Le temps pendant lequel les hommes visés par le présent article auront été insoumis ne comptera pas dans les années de service exigées.

Dans aucun cas, le temps pendant lequel les hommes visés à tous les paragraphes qui précèdent n'auront pas été présents sous les drapeaux, ne comptera dans les années de service exigées.

La prescription contre l'action publique résultant de l'insoumission ne commence à courir que du jour où l'insoumis a atteint l'âge de cinquante ans.

Les dispositions de l'article 83 ci-dessus sont intégralement applicables aux hommes du contingent incorporés dans la marine et aux réservistes de l'armée de mer provenant du contingent annuel. Elles ne sont pas applicables aux engagés volontaires, aux rengagés et aux réservistes de l'armée de mer provenant de l'engagement volontaire. La constatation des délits d'insoumission que peuvent commettre ces derniers est réglée par la loi du 15 juillet 1889 et l'instruction du 27 avril 1907 (B. O.).

ART. 84.

Quiconque est reconnu coupable d'avoir sciemment recélé ou pris à son service un homme recherché pour insoumission ou d'avoir favorisé son évasion est puni d'un emprisonnement qui ne peut excéder six mois. Selon les circonstances, la peine peut être réduite à une amende de cinquante francs (50 fr.) à cinq cents francs (500 fr.).

La même peine est prononcée contre ceux qui, par des manœuvres coupables, ont empêché ou retardé le départ des jeunes soldats.

Si le délit a été commis à l'aide d'un attroupement, la peine sera double.

Si le délinquant est fonctionnaire public, employé du gouvernement ou ministre d'un culte salarié par l'État, la peine peut être portée jusqu'à deux années d'emprisonnement, et il est, en outre, condamné à une amende qui ne pourra excéder deux mille francs (2,000 fr.).

Sont exceptées des dispositions pénales prévues par le présent article les personnes désignées dans le dernier paragraphe de l'article 248 du Code pénal.

Arrêté déterminant les conditions d'application aux colonies de la loi du 21 mars 1905 (9 février 1910 modifié le 2 août 1910. B. O. Colonies.)

ART. 85.

En temps de paix, les militaires en congé dans leurs foyers en attendant leur passage dans la réserve de l'armée active, les hommes de la réserve de l'armée active et ceux de l'armée territoriale et de la réserve de cette armée qui, étant rappelés à l'activité en vertu de la loi par voie d'affiches ou par ordres d'appel individuels, ne seront pas, hors le cas de force majeure, rendus le jour fixé au lieu indiqué par les affiches ou ordres d'appel, ou qui, étant convoqués d'urgence et sans délai, auront excédé le temps strictement nécessaire pour se rendre à leur destination seront passibles d'une punition disciplinaire.

Si, sur notification d'un ordre de route individuel leur réitérant l'ordre de rejoindre, les hommes désignés au paragraphe précédent ne se présentent pas à leur destination dans les quinze jours suivant le jour fixé par cet ordre, ils seront considérés comme insoumis et passibles des pénalités de l'insoumission.

Lorsqu'ils appartiennent à un corps mobilisé ou faisant partie de troupes d'opérations, ou lorsque leur corps est stationné sur un territoire compris dans la zone des armées, les militaires, rappelés autrement que par voie de mobilisation au moyen d'affiches ou de publication sur la voie publique, sont déclarés insoumis, si, sur notification directe d'un ordre de route, ils ne se rendent pas à leur destination dans les deux jours suivants le jour fixé par cet ordre.

En cas de mobilisation, les militaires rappelés sont déclarés insoumis si, hors le cas de force majeure, ils ne se sont pas conformés aux mesures prescrites par l'ordre de route contenu dans leur livret pour assurer leur arrivée à destination.

Par exception aux dispositions qui précèdent, les hommes se trouvant dans le cas prévu à l'article 46 de la présente loi ne seront, en cas de mobilisation ou de rappel de leur classe par décret, déclarés insoumis que s'ils ont excédé de quinze jours en temps de paix, ou de deux jours dans les cas prévus aux paragraphes 3 et 4 ci-dessus, les délais strictement nécessaires pour se rendre, par les voies les plus rapides, directement de leur résidence à la destination qui leur est assignée.

Les dispositions des paragraphes 4, 5 et 6 de l'article 83 sont applicables aux hommes visés par le présent article.

Tout homme qui n'a pas rejoint au jour indiqué pour des manœuvres ou exercices peut être astreint par l'autorité militaire à faire ou à compléter dans un corps de troupes le temps de service pour lequel il était appelé.

Les dispositions du présent article ne sont pas applicables, en temps de paix, aux hommes de la réserve de l'armée territoriale convoqués pour assister à des revues; ces hommes ne sont, en cas de retard ou manquement à ces revues, passibles que de punitions disciplinaires.

Sont également passibles de peines disciplinaires les hommes des différentes catégories de réserve ayant contrevenu aux obligations qui leur sont imposées par les articles 31 et 45 de la présente loi.

Les punitions disciplinaires infligées aux hommes des réserves dans leurs foyers ne peuvent pas excéder huit jours de prison; ce maximum est réduit à quatre jours pour les hommes appartenant à l'armée territoriale ou à la réserve de cette armée.

L'autorité militaire assure l'exécution de ces punitions dans les locaux disciplinaires des corps les plus rapprochés.

ART. 86.

Les hommes liés au service dans les conditions mentionnés à l'article 27 ci-dessus, qui n'ont pas fait les déclarations prescrites audit article, sont déférés aux tribunaux ordinaires et punis d'une amende de dix francs (10 fr.) à deux cents francs (200 fr.). Ils peuvent, en outre, être condamnés à un emprisonnement de quinze jours à trois mois.

En temps de guerre, la peine est double,

ART. 87.

Les peines prononcées par les articles 81, 82 et 84 de la présente loi sont applicables aux tentatives des délits prévus par ces articles.

ART. 88.

Pour toutes les peines prononcées par la présente loi, les juges peuvent, en temps de paix, accorder des circonstances atténuantes. L'application est faite, pour les condamnés n'appartenant pas à l'armée, conformément à l'article 463 du Code pénal, et pour les condamnés militaires ou assimilés aux militaires, conformément à l'article 1 de la loi du 19 juillet 1901.

TITRE VI

RECRUTEMENT EN ALGÉRIE ET AUX COLONIES.

ART. 89.

Les dispositions de la présente loi sont applicables en Algérie et en Tunisie. Elles le sont également dans les colonies de la Guadeloupe, de la Martinique, de la Guyane et de la Réunion.

ART. 90.

Elles sont également applicables dans les autres colonies et pays de protectorat sous les réserves suivantes :

En dehors d'exceptions motivées et dont il serait fait mention dans le compte rendu prévu par l'article 96 ci-après, les Français et naturalisés

Français résidant dans l'une de ces colonies ou pays de protectorat sont incorporés dans les corps les plus voisins, et après une année de présence effective sous les drapeaux, au maximum, ils sont envoyés en congé s'ils ont satisfait aux conditions de conduite et d'instruction militaire déterminées par le ministre de la guerre.

S'il ne se trouve pas de corps stationnés dans un rayon fixé par arrêté ministériel, ces jeunes gens sont dispensés de la présence effective sous les drapeaux. Dans le cas où cette situation viendrait à se modifier avant qu'ils aient atteint l'âge de trente ans révolus, ils seraient appelés dans le corps de troupes le plus voisin, pour y recevoir l'instruction militaire pendant un laps de temps qui ne pourrait dépasser une année.

En cas de mobilisation générale, les hommes valides qui ont terminé leurs vingt-cinq ans de service sont réincorporés avec la réserve de l'armée territoriale, sans cependant pouvoir être appelés à servir hors du territoire de la colonie où ils résident.

Si un Français ou naturalisé Français ayant bénéficié des dispositions du paragraphe 2 du présent article transportait son établissement en France avant l'âge de trente ans accomplis, il devrait compléter, dans un corps de la métropole, le temps de service dans l'armée active prescrit par l'article 32 de la présente loi, sans toutefois pouvoir être retenu sous les drapeaux au delà de l'âge de trente ans.

Arrêté fixant les possessions dans lesquels les jeunes gens occupant une situation régulière, sont dispensés de la présence effective sous les drapeaux.
(26 décembre 1906, B. O. Guerre, p. 2. p. 1762.)

ART. 91.

Les jeunes gens inscrits sur les listes de recrutement de la métropole, résidant dans une colonie ou un pays de protectorat où il n'y aurait pas de troupes françaises stationnées, pourront sur l'avis conforme du gouverneur ou du résident, bénéficier des dispositions contenues dans les paragraphes 3 et suivants de l'article précédent.

La même disposition s'applique aux jeunes gens inscrits sur les listes de recrutement d'une colonie autre que celle où ils résident.

ART. 92.

Les conditions spéciales de recrutement des corps étrangers et indigènes sont réglées par décret, jusqu'à ce qu'une loi spéciale ait déterminé les conditions du service militaire des indigènes.

TITRE VII

DISPOSITIONS PARTICULIÈRES.

ART. 93.

(Modifié par la loi du 11 avril 1910.)

L'article 5, le cinquième paragraphe de l'article 6, le dernier paragraphe de l'article 41 et l'alinéa 3° du paragraphe 2 de l'article 50, ne s'appliquent pas aux hommes ayant bénéficié de la loi du 26 mars 1891, à moins qu'ils n'aient été condamnés pour avoir exercé le métier de souteneur.

En cas d'inconduite grave pendant leur présence sous les drapeaux, les hommes appelés ou engagés visés aux paragraphes ci-dessus peuvent, sur la proposition de leur chef de corps et par décision ministérielle, être envoyés aux bataillons d'infanterie légère d'Afrique.

Les inscrits visés au paragraphe 2 de l'article 7 de la loi du 24 décembre 1896 sont soumis aux dispositions du présent article et peuvent également, en cas d'inconduite grave, recevoir, par décision ministérielle, une destination disciplinaire dans les mêmes conditions que les hommes du recrutement.

ART. 94.

Une loi spéciale déterminera :

1° Les mesures à prendre pour rendre uniforme, dans tous les lycées et établissements d'enseignement, l'application de la loi du 27 janvier 1880, imposant l'obligation des exercices;

2° L'organisation de l'instruction militaire pour les jeunes gens de dix-sept à vingt ans et le mode de désignation des instructeurs.

ART. 95.

Chaque année, avant le 30 juin, il sera rendu compte aux Chambres, par le ministre de la guerre, de l'exécution des dispositions contenues dans la présente loi pendant l'année précédente,

TITRE VIII

DISPOSITIONS TRANSITOIRES.

ART. 96.

(Modifié par les lois des 16 juillet 1907 et 22 mai 1909.)

La présente loi entrera en vigueur un an après sa promulgation.

Toutefois, la disposition de l'article 33, relative à l'incorporation de la classe le 1er octobre, sera immédiatement appliquée.

Il en sera de même des dispositions du titre IV relatives aux engagements, rengagements et commissions, sauf en ce qui concerne les engagements de trois ans qui, jusqu'à la mise en vigueur de la présente loi, resteront soumis au régime de la loi du 15 juillet 1889.

Les sous-officiers qui ont contracté un rengagement sous le régime de la loi du 18 mars 1889 et qui sont encore sous les drapeaux, bénéficieront d'un délai supplémentaire de deux années, pendant lequel ils pourront concourir pour les emplois visés à l'article 69 et participer au classement de chaque trimestre.

Ceux de ces sous-officiers qui, le 21 mars 1905, avaient accompli dix ans de services, pourront être maintenus sous les drapeaux en qualité de commissionnés, quel que soit leur emploi, jusqu'à l'expiration de la vingtième année de service.

« Les sous-officiers qui ont souscrit un rengagement sous le régime de la loi du 18 mars 1889, qui ont été, depuis le 21 mars 1905 et avant d'avoir atteint l'âge de quarante ans, libérés de service, admis à la retraite ou réformés par suite de blessures ou infirmités contractées au service, et qui n'ont pas accepté l'un des emplois qui leur ont été offerts, faute de ceux qu'ils avaient demandés, bénéficieront d'un délai supplémentaire de deux années pendant lequel ils pourront concourir pour les emplois réservés par la loi du 21 mars 1905 et participer au classement de chaque trimestre.

« Les intéressés adresseront à cet effet, dans les six mois qui suivront la promulgation de la présente loi, une demande au chef du corps dans lequel ils servaient au moment de leur radiation des contrôles. Cette demande sera transmise au Ministre au commencement du plus prochain trimestre, dans les conditions indiquées à l'article 72 de la loi du 21 mars 1905. »

ART. 97.

Pourra être envoyé en congé, si les besoins du service le permettent, après deux ans de présence sous les drapeaux, tout ou partie de la première classe incorporée après la promulgation de la présente loi.

Mention spéciale des décisions prises sera faite dans le compte rendu prescrit par l'article 95 ci-dessus.

ART. 98.

Les sous-officiers de la classe visée à l'article précédent, qui seraient maintenus sous les drapeaux jusqu'à l'expiration de leur troisième année de service, recevront la même haute paye que les sous-officiers rengagés et auront le droit de concourir pour les emplois civils visés par l'article 69 ci-dessus.

ART. 99.

Les jeunes gens qui, avant la mise en vigueur de la présente loi, auront été ajournés conformément à l'article 27 de la loi du 15 juillet 1889, ou dispensés conditionnellement du service actif après un an de présence sous les drapeaux, conformément aux articles 21, 22, 23 et 50 de la même loi, ainsi que les engagés volontaires visés à l'avant-dernier paragraphe de l'article 59 de la même loi, conserveront la situation qui leur est faite par ladite loi au point de vue des obligations du service militaire dans l'armée active.

ART. 100.

La présente loi est applicable aux hommes appelés en vertu des lois antérieures, libérés ou non du service militaire, jusqu'à ce qu'ils aient atteint l'âge de quarante-cinq ans.

ART. 101.

Dès la mise en vigueur de la présente loi, seront abrogés : la loi du 18 mars 1889; la loi du 15 juillet 1889 sur le recrutement de l'armée, sauf, les dispositions concernant les engagements et rengagements dans l'armée de mer; la loi du 26 juin 1890; les lois des 2 février 1891 et 11 juillet 1892; l'article 1 de la loi du 19 juillet 1892; les lois des 11 novembre et 26 décembre 1892, du 30 juillet 1893, du 14 août

1893; l'article 2 de la loi du 13 juillet 1894; les lois du 13 juillet 1895, du 1er août 1895 portant application du service militaire à l'île de la Réunion; les articles 1 et 4 de la loi du 6 février 1897; les lois du 24 mars 1897, du 1er mai 1897, du 23 juillet 1897, du 26 mars 1898, du 1er avril 1898; l'article 4 de la loi des finances du 13 avril 1898; les lois du 5 avril 1900, du 23 février 1901, du 2 avril 1901, du 9 juillet 1901 et du 7 avril 1902, modifiant divers articles de la loi du 15 juillet 1889, ainsi que toutes dispositions contraires à la présente loi.

Demeureront abrogées les lois visées par l'article 94 de la loi du 15 juillet 1889.

La présente loi, délibérée et adoptée par le Sénat et par la Chambre des députés, sera exécutée comme loi de l'État.

Fait à Paris, le 21 mars 1905.

ÉMILE LOUBET.

Par le Président de la République :

Le Ministre de la guerre,
MAURICE BERTEAUX.

TABLEAUX ANNEXES

À LA LOI DU 21 MARS 1905.

TABLEAU A.

(Modifié par la loi du 16 juillet 1906.)

Personnel placé sous les ordres des Ministres de la Guerre et de la Marine ou mis à leur disposition en cas de mobilisation.

(Application de l'article 42 de la loi sur le recrutement de l'armée.)

Ministère de la Guerre.

Administration centrale. — Établissements.

Ministère de la Marine.

Administration centrale. — Établissements métropolitains et coloniaux.

Ministère de l'Intérieur.

Sapeurs-pompiers des places de guerre n'appartenant plus à la réserve de l'armée active.

Cantonniers n'appartenant plus à la réserve de l'armée active.

Médecins et chirurgiens des hospices. — Médecins chefs de service des hospices. — Médecins des services pénitentiaires, maisons centrales, pénitenciers. — Chirurgiens des services pénitentiaires, maisons centrales, pénitenciers. — Pharmaciens, internes des services pénitentiaires, maisons centrales, pénitenciers.

Ministère des Travaux publics.

Conducteurs et commis des Ponts et Chaussées et conducteurs des Mines désignés par le Ministre des Travaux publics parmi ceux qui ne sont pas officiers de réserve.

Personnel des services de navigation : officiers et maîtres de port, maîtres et gardiens de phares, gardes de navigation, barragistes, éclusiers, pontiers; gardiens des barrages-réservoirs, les mécaniciens des usines élévatoires.

Cantonniers appartenant à l'armée territoriale.

Ministère des Finances.

Douaniers (bataillons, compagnies et sections).
Personnel des différents services affectés au service de la trésorerie et des postes aux armées.

Ministère des Colonies.

Établissements en France. — Établissements aux colonies et pays de protectorat. — Personnel européen de la garde indigène.

Ministère de l'Agriculture.

Forêts (agents et préposés organisés militairement).

Sous-Secrétariat d'État des Postes et Télégraphes.

Tout le personnel.

Chemins de fer.

Sections techniques. — Personnel de l'exploitation technique.
Administration centrale des grandes compagnies et des lignes secondaires qui seront utilisées d'une manière permanente en cas de guerre (non compris les agents occupant des emplois pour lesquels il n'est pas indispensable de posséder des connaissances spéciales ou d'avoir fait un apprentissage).

TABLEAU B.

(Modifié par la loi du 16 juillet 1906.)

SERVICES PUBLICS.

Désignation des fonctionnaires et agents qui, en cas de mobilisation, sont autorisés à ne pas rejoindre immédiatement, quand ils n'appartiennent pas à la réserve de l'armée active.

(Application de l'article 42 de la loi sur le recrutement de l'armée.)

Personnel de l'Administration du Sénat et de la Chambre des Députés.

Secrétaires généraux. — Chefs de service. — Chefs adjoints ou sous-chefs.
Les personnes désignées par le Président du Sénat ou par le Président de la Chambre des Députés pour assurer les services du compte rendu analytique et de la sténographie dans chaque assemblée.

Ministère des Finances.

Administration centrale.

Secrétaire général. — Directeur général de la comptabilité publique. — Directeur. — Chef de la division du contentieux. — Caissier-payeur central du Trésor. — Contrôleur central. — Chefs de bureau,

Inspection générale des Finances.

Inspecteurs généraux des Finances. — Inspecteurs et adjoints à l'inspection.

Trésorerie.

Trésoriers-payeurs généraux. — Receveurs particuliers. — Percepteurs. — Un fondé de pouvoirs de chaque trésorier-payeur général, désigné par le Ministre des Finances.

Service de trésorerie d'Algérie, des colonies et pays de protectorat.

Trésoriers-généraux. — Trésoriers-payeurs. — Payeurs principaux. — Payeurs particuliers. — Payeurs adjoints. — Les payeurs.

Administration des Contributions directes.

Directeur général. — Administrateurs. — Chefs de bureau.
Directeurs. — Inspecteurs et inspecteurs-rédacteurs. — Contrôleurs-rédacteurs principaux. — Contrôleurs-rédacteurs.

Administration de l'Enregistrement, des Domaines et du Timbre.

Directeur général. — Administrateurs. — Chefs de bureau.
Directeurs. — Inspecteurs. — Conservateurs des hypothèques.

Administration des Douanes.

Directeur général. — Administrateurs. — Chefs de bureau.
Directeurs. — Inspecteurs. — Sous-inspecteurs.

Administration des Contributions indirectes (France) et Contributions diverses (Algérie).

Directeur général. — Administrateurs. — Chefs de bureau.
Directeurs. — Sous-directeurs, chefs de service dans un arrondissement. — Inspecteurs. — Receveurs principaux. — Receveurs particuliers. — Entreposeurs. — Contrôleurs. — Receveurs ambulants. — Receveurs buralistes.
Agents des Contributions indirectes, mis à la disposition du Ministre de l'Agriculture pour la surveillance des fabriques de margarine.

Administration des Manufactures de l'État (tabacs).

Directeur général. — Administrateurs. — Chefs de bureau.
Directeurs. — Contrôleurs des Manufactures. — Inspecteurs-entreposeurs. — Vérificateurs et commis de culture.

Administration des Monnaies et Médailles.

Directeur. — Chefs de section du secrétariat. — Conservateurs du musée, chef du service des commandes. — Directeur des essais. — Chefs des travaux. — Caissier agent comptable. — Contrôleur principal. — Graveur. — Ingénieur.

Banque de France.

Gouverneur. — Sous-gouverneur. — Secrétaire général. — Contrôleur. — Caissier principal. — Caissiers particuliers et sous-caissiers. — Chefs de bureau. — Inspecteurs. — Ouvriers de l'imprimerie des billets.
Directeurs des succursales. — Caissiers des succursales. — Chefs et commis caissiers des bureaux auxiliaires.

Banque d'Algérie.

Directeurs. — Sous-directeur. — Secrétaire général. — Inspecteur. — Caissier principal. — Chefs de bureau.
Directeurs des succursales. — Caissiers.
Chefs et caissiers des bureaux auxiliaires.

Caisse des Dépôts et Consignations.

Directeur général. — Chefs de division. — Caissier général. — Chefs de bureau.

Banques coloniales.

Directeurs. — Sous-directeurs. — Caissiers. — Chefs de service.

Ministère de l'Intérieur.

Administration centrale.

Directeurs. — Chefs de bureau.

Établissements nationaux de bienfaisance.

Directeurs. — Médecins en chef.

Services pénitentiaires, maisons centrales, pénitenciers.

Contrôleurs. — Économes. — Agents comptables.

Sûreté publique.

Commissaires spéciaux de police. — Inspecteurs spéciaux.

Administration départementale.

Préfets, sous-préfets et secrétaires généraux. — Chefs de division de préfecture. — Inspecteurs départementaux de l'assistance publique. — Chef du bureau militaire de préfecture.

Agents voyers en chef et agents voyers d'arrondissement.

Médecins en chef et médecins directeurs des asiles publics d'aliénés.

Administration communale.

Secrétaires chefs du bureau militaire des mairies des chefs-lieux de département, d'arrondissement, ainsi que les communes qui, n'étant pas chefs-lieux de département ou d'arrondissement, ont plus de 4,000 habitants.

Receveurs d'octroi. — Préposés en chef d'octroi.

Commissaires de police. — Sergents de ville ou gardiens de la paix. — Gardes champêtres.

Services spéciaux de la ville de Paris ressortissant à la Préfecture de la Seine.

Directeurs et chefs de bureau de la Préfecture de la Seine. — Secrétaires chefs des bureaux des mairies des vingt arrondissements de Paris.

Agents de l'assistance publique. — Directeur et secrétaire général de l'administration générale de l'assistance publique. — Directeurs des hôpitaux et hospices. — Receveur des hôpitaux et hospices. — Directeurs d'agences des enfants assistés de la Seine.

Services spéciaux de la ville de Paris ressortissant à la Préfecture de police.

Chefs de division et chefs de bureau de la Préfecture de police. — Directeur et sous-directeur de la police municipale. — Directeur général des recherches.

Commissaires divisionnaires. — Commissaires de police du ressort de la Préfecture de police et officiers de paix de la ville de Paris. — Inspecteurs de police y compris les stagiaires. — Secrétaires des commissariats de police. — Inspecteurs de commissariats. — Inspecteurs du contrôle général.

Gardiens de la paix de la ville de Paris y compris les gardiens de la paix stagiaires. — Sergents de ville des communes du département de la Seine.

Administration de l'Algérie.

Secrétaire général du Gouvernement. — Directeurs et chefs de bureau du Gouvernement général.
Administrateurs des communes mixtes.
Chefs du service pénitentiaire du Gouvernement général.

Ministère des Travaux publics.

Administration centrale.

Directeurs. — Chefs de bureau.

Ministère de l'Instruction publique et des Beaux-Arts.

Directeurs et chefs de bureau de l'administration centrale.
Proviseurs et principaux des lycées et collèges de l'État.
Directeurs des écoles normales primaires de l'État.

Administration des Cultes.

Directeur général. — Sous-directeurs. — Chefs de bureau.
Les ministres des cultes reconnus par l'État, qui sont rétribués par lui pour le service d'une paroisse.

Ministère des Affaires étrangères.

Administration centrale.

Directeurs. — Sous-directeurs. — Chefs de division. — Chefs de bureau.

Agents en fonctions à l'étranger.

Ambassadeurs. — Ministres plénipotentiaires. — Consuls généraux. — Consuls. — Vice-consuls rétribués. — Secrétaires d'ambassade de 1re, 2e et 3e classe. — Consuls suppléants. — Commis de chancellerie. — Interprètes. — Conseillers d'ambassade. — Élèves vice-consuls. — Élèves interprètes.

Pays de protectorat.

Ministère des Affaires étrangères et Ministère des Colonies.

Résidents généraux ou supérieurs. — Résidents. — Vice-résidents. — Chanceliers de résidence. — Commis de résidence. — Contrôleur civil de la Régence de Tunis.

Personnel des services de l'Indo-Chine en résidence au Tonkin, en Annam, au Cambodge et au Laos.

Inspecteurs. — Administrateurs de toutes classes. — Administrateurs stagiaires. — Commis de toutes classes.

Ministère de la Justice.

Directeurs. — Chef de bureau.

Procureurs généraux. — Procureurs de la République.

Dans chaque tribunal de première instance, parmi les magistrats inamovibles composant ce tribunal, les deux magistrats appartenant aux classes de mobilisation les plus anciennes, dans le cas où leur maintien serait indispensable pour que le tribunal ne soit pas réduit à moins de deux juges; dans les tribunaux d'Algérie et des colonies, deux magistrats.

Ministère de l'Agriculture.

Directeurs. — Chefs de bureau.

Directeurs des écoles vétérinaires. — Directeurs, sous-directeurs, agents comptables et gagistes des haras et des dépôts d'étalons.

Chef du service des Caisses régionales du Crédit agricole mutuel.

Ministère du Commerce et de l'Industrie.

Directeurs et chef de division de la comptabilité. — Chefs de bureau.

Ministère des Colonies.

Directeurs. — Sous-directeurs. — Chefs et sous-chefs de bureau.

TABLEAU C.

Désignation des fonctionnaires et agents qui, en cas de mobilisation, seront autorisés à ne pas rejoindre immédiatement, même quand ils appartiennent à la réserve de l'armée active.

(Application de l'article 42 de la loi sur le recrutement de l'armée.)

Ministère des Finances.

Services de trésorerie d'Algérie, des colonies et pays de protectorat.

Commis de trésorerie. — Commis principaux de trésorerie.

Administration de l'Enregistrement, des Domaines et du Timbre.

Sous-inspecteurs. — Receveurs.

Administration des Douanes.

Receveurs. — Contrôleurs, vérificateurs et vérificateurs adjoints, commis principaux et commis de direction d'un traitement égal ou supérieur à 2,200 francs.

Administration des Contributions indirectes (France) et Contributions diverses (Algérie).

Commis principaux. — Commis. — Préposés.
Agents subalternes des Contributions indirectes mis à la disposition du Ministre de l'Agriculture pour la surveillance des fabriques de margarine.

Ministère de l'Intérieur.

Services pénitentiaires, maisons centrales, pénitenciers.

Directeurs. — Greffiers. — Gardiens ou surveillants. — Gardien comptable en chef, gardiens comptables et seconds gardiens des transports cellulaires.
Directeurs des maisons centrales, des pénitenciers agricoles, des circonscriptions pénitentiaires et des prisons annexes de l'Algérie. — Gardiens-chefs des prisons annexes de l'Algérie.

TABLEAU D.

Articles du Code de justice militaire (livre IV, titre II) applicables dans les cas prévus par l'article 47 de la loi.

ART. 223 et 224. — Voies de fait et outrages envers un supérieur.

Pour l'application du premier paragraphe de chacun de ces articles, le fait incriminé ne sera considéré comme ayant eu lieu à l'occasion du service que s'il est le résultat d'une vengeance contre un acte d'autorité légalement exercé.

Le deuxième paragraphe de ces mêmes articles ne sera applicable que dans les cas où le supérieur et l'inférieur seraient l'un et l'autre revêtus d'effets d'uniforme.

ART. 225. — Rébellion.

Cet article n'est applicable qu'aux hommes revêtus d'effets d'uniforme.

ART. 229. — Abus d'autorité.

Pour l'application de cet article, il est nécessaire que le supérieur et l'inférieur soient l'un et l'autre revêtus d'effets d'uniforme.

TABLEAU E.

EMPLOIS RÉSERVÉS AUX SOUS-OFFICIERS RENGAGÉS COMPTANT AU MOINS DIX ANS DE SERVICE DONT QUATRE ANS DANS LE GRADE DE SOUS-OFFICIER.

DÉSIGNATION DES EMPLOIS.	PROPORTIONS RÉSERVÉES.	DÉSIGNATION DES EMPLOIS.	PROPORTIONS RÉSERVÉES.
Ministère des Affaires étrangères.		ÉCOLES VÉTÉRINAIRES.	
Commis expéditionnaires	5/6	Commis	Totalité.
Ministère de l'Agriculture.		Portiers-consignes ou concierges	Totalité.
		DIRECTION DES EAUX ET FORÊTS,	
ADMINISTRATION CENTRALE.		Gardes sédentaires	Totalité.
Expéditionnaires	4/5	**DIRECTION DE L'HYDRAULIQUE AGRICOLE.**	
Concierges	Totalité.	Commis	4/5
DIRECTION DE L'AGRICULTURE.		**Ministère des Colonies.**	
Institut agronomique.		NOTA. Ces emplois sont en principe, exclusivement réservés aux militaires de l'armée coloniale.	
Commis ou expéditionnaires	Totalité.	Expéditionnaires de l'administration centrale	3/4
Concierge	Totalité.	Commis de 3e classe à la transportation et à la relégation	3/4
ÉCOLES NATIONALES D'AGRICULTURE.		Commis de 2e classe des secrétariats généraux	3/4
Commis	Totalité.	Garde principal de 3e classe de la garde indigène de l'Indo-Chine	1/2
Surveillants	Totalité.	Commissaires de police de 4e classe	1/2
Concierges	Totalité.	**Ministère du Commerce, de l'Industrie, des Postes et des Télégraphes.**	
ÉCOLE NATIONALE D'HORTICULTURE.			
Surveillants	Totalité.	ADMINISTRATION CENTRALE.	
ÉCOLES PRATIQUES D'AGRICULTURE.		Expéditionnaires	Totalité.
Instructeurs militaires	Totalité.	Concierges	Totalité.
Surveillants	Totalité.	CONSERVATOIRE DES ARTS ET MÉTIERS.	
FERMES-ÉCOLES.		Gardiens de galerie	Totalité.
Surveillants comptables	Totalité.	Concierges	Totalité.
BERGERIES NATIONALES.		Commis et secrétaires	Totalité.
Commis comptables	Totalité.	Surveillants des cours	Totalité.

DÉSIGNATION DES EMPLOIS.	PROPORTIONS RÉSERVÉES.
ÉCOLE CENTRALE.	
ÉCOLE D'HORLOGERIE DE CLUSES.	
Concierges........................	Totalité.
Surveillants.......................	Totalité.
Commis............................	Totalité.
ÉCOLES D'ARTS ET MÉTIERS.	
Concierges........................	Totalité.
Commis............................	Totalité.
POIDS ET MESURES.	
Vérificateurs adjoints..............	1/2
Sous-Secrétariat des Postes et des Télégraphes.	
ADMINISTRATION CENTRALE.	
Expéditionnaires...................	Totalité.
Concierges........................	Totalité.
POSTES ET TÉLÉGRAPHES.	
Commis d'exploitation..............	3/4
Expéditionnaires dans les directions départementales................	Totalité.
Ministère des Finances.	
ADMINISTRATION CENTRALE.	
Commis expéditionnaires............	4/5
Gardiens de bureau, concierges......	3/4
CONTRIBUTIONS INDIRECTES.	
Perceptions (4e classe)...........	1/2
DOUANES.	
Commis............................	3/4
CONTRIBUTIONS INDIRECTES.	
Préposés de 2e et de 3e classe......	Totalité.
Receveurs buralistes de 1re classe..	3/4

DÉSIGNATION DES EMPLOIS.	PROPORTIONS RÉSERVÉES.
MANUFACTURES DE L'ÉTAT.	
Commis de culture.................	Totalité.
Préposés des manufactures et des magasins...	Totalité.
Concierges des manufactures et des magasins..	Totalité.
ENREGISTREMENT, DOMAINES ET TIMBRE.	
Timbreurs.........................	3/4
Sous-agents à l'atelier général du timbre.....	3/4
CAISSE DES DÉPÔTS ET CONSIGNATIONS.	
Expéditionnaires...................	4/5
ADMINISTRATION DES MONNAIES.	
Expéditionnaires...................	4/5
Concierges........................	4/5
Ministère de la Guerre.	
ADMINISTRATION CENTRALE.	
Expéditionnaires...................	Totalité.
Caserniers en France	Totalité.
Cantiniers.........................	Totalité.
Caserniers en Algérie et en Tunisie.........	Totalité.
Concierges des hotels divisionnaires........	Totalité.
ÉCOLES MILITAIRES.	
Commis d'administration............	Totalité.
Concierges........................	Totalité.
SERVICE GÉOGRAPHIQUE.	
Expéditionnaires...................	Totalité.
Concierges........................	Totalité.
POUDRES ET SALPÊTRES.	
Chefs mécaniciens.................	1/2
Commis du service des poudres et chefs ouvriers.....................	3/4
Concierges des établissements des poudres....	Totalité.

DÉSIGNATION DES EMPLOIS.	PROPORTIONS RÉSERVÉES.	DÉSIGNATION DES EMPLOIS	PROPORTIONS RÉSERVÉES.
DIRECTIONS ET ÉTABLISSEMENTS DE L'ARTILLERIE ET DU GÉNIE. — SECTIONS TECHNIQUES. — ÉTABLISSEMENTS DU SERVICE DE SANTÉ. — ÉTABLISSEMENTS DU SERVICE DE L'INTENDANCE.		**ÉCOLE NORMALE SUPÉRIEURE. — ÉCOLE DES LANGUES ORIENTALES VIVANTES.**	
Commis....................................	3/4	Concierges...............................	Totalité.
Concierges...............................	Totalité.	Commis..................................	1/2
GENDARMERIE.		**LYCÉES ET COLLÈGES.**	
Emplois de maréchaux de logis et brigadiers de gendarmerie......................	40 environ.	Concierges...............................	Totalité.
Nota. A défaut de sous-officiers de l'armée de terre, ces emplois pourront être donnés à des officiers mariniers (1).		**COLLÈGE DE FRANCE. — ÉCOLE DES CHARTES.**	
Ministère de l'Instruction publique et des Beaux-Arts.		Employés (commis au secrétariat)..........	1/2
		Appariteurs..............................	Totalité.
		Concierges...............................	Totalité.
ADMINISTRATION CENTRALE.		**FACULTÉS. — ÉCOLES SUPÉRIEURES.**	
Expéditionnaires.........................	5/6	Employés (commis au secrétariat)..........	1/1
Concierges (y compris l'Institut).........	Totalité.	Appariteurs..............................	Totalité.
		Concierges...............................	Totalité.
INSTITUT.		**MUSÉES.**	
Employés (secrétariat et bibliothèque).....	Totalité.	*Musée Guimet, musée d'ethnographie, musées nationaux.*	
MUSÉUM.		Commis...................................	Totalité.
Employés (commis au secrétariat et à la ménagerie..................................	Totalité.	Gardiens.................................	Totalité.
Concierges...............................	Totalité.	Concierges...............................	Totalité.
BIBLIOTHÈQUES.		**MONUMENTS HISTORIQUES.**	
Gardiens.................................	Totalité.	Gardiens et concierges...................	Totalité.
Concierges...............................	Totalité.	**PALAIS NATIONAUX. — BÂTIMENTS CIVILS.**	
ARCHIVES.		Surveillants militaires des palais nationaux (assermentés)........................	Totalité.
Gardiens.................................	Totalité.	Surveillants militaires, portiers des palais nationaux (assermentés).................	Totalité.
Concierges...............................	Totalité.	Portiers civils (non assermentés).........	Totalité.
		OBSERVATOIRES.	
		Concierges...............................	Totalité.
		Commis...................................	1/2
ADMINISTRATION ACADÉMIQUE.		**ACADÉMIE DE MÉDECINE.**	
Commis d'inspection académique...........	1/2	Employés.................................	Totalité.
		Commis...................................	Totalité.

(1) Voir pour les officiers mariniers. — Circulaire du 11 juin 1907, *B. O.*, page 657.

DÉSIGNATION DES EMPLOIS.	PROPORTIONS RÉSERVÉES.
ÉCOLE DES BEAUX-ARTS. — ÉCOLE DES ARTS DÉCORATIFS. — CONSERVATOIRE DE MUSIQUE. — ÉCOLE DES BEAUX-ARTS ET DES ARTS-DÉCORATIFS DANS LES DÉPARTEMENTS. — MANUFACTURES DE SÈVRES, DES GOBELINS, DE BEAUVAIS.	
Commis aux écritures ou comptables........	Totalité.
Employés.................................	Totalité.
Gardiens.................................	Totalité.
BÂTIMENTS CIVILS.	
Gardiens de chantiers ou magasins..........	Tatalité.
SERVICE DES EAUX DE VERSAILLES, MARLY, MEUDON, SAINT-CLOUD.	
Expéditionnaires.........................	Totalité.
Sous-inspecteurs.........................	4/5
GARDE-MEUBLES.	
Expéditionnaires.........................	Totalité.

Ministère de l'Intérieur et des Cultes.

ADMINISTRATION CENTRALE.	
Expéditionnaires........................	4/5
Concierges..............................	Totalité.
ADMINISTRATION PÉNITENTIAIRE.	
Instituteurs.............................	1/2
Teneurs de livres........................	4/5
Commis aux écritures et commis. — Greffiers des prisons de la Seine..................	4/5
Régisseurs de culture....................	4/5
Conducteurs de travaux de bâtiments........	4/5
PRÉFECTURES ET SOUS-PRÉFECTURES.	
Expéditionnaires........................	Totalité.
Concierges..............................	Totalité.

DÉSIGNATION DES EMPLOIS.	PROPORTIONS RÉSERVÉES.
SÛRETÉ GÉNÉRALE.	
Commissaires de police dans les départements.	1/2
Inspecteurs spéciaux de la police des chemins de fer.................................	5/6
SERVICE SANITAIRE.	
Capitaines et lieutenants de santé...........	Totalité.
Secrétaires, commis et employés...........	Totalité.
Concierges et gardiens...................	Totalité.
ADMINISTRATION DES CULTES.	
Expéditionnaires........................	4/5
Concierges..............................	Totalité.
ÉTABLISSEMENTS NATIONAUX ET DÉPARTEMENTAUX DE BIENFAISANCE.	
Commis aux écritures....................	Totalité.
Concierges..............................	Totalité.
Surveillants, sous-surveillants, mécaniciens.	Totalité.
DIRECTION DE L'ASSISTANCE ET DE L'HYGIÈNE PUBLIQUES.	
Commis d'agences dans le département de la Seine................................	Totalité.
Préposés au placement dans le département de la Seine-Inférieure......................	Totalité.
ÉTABLISSEMENTS THERMAUX DE L'ÉTAT ET ÉTABLISSEMENTS DE BIENFAISANCE.	
Commis aux écritures....................	Totalité.
Concierges..............................	Totalité.
ÉTABLISSEMENTS D'ALIÉNÉS.	
Commis aux écritures....................	Totalité.
Concierges..............................	Totalité.

Ministère de la Justice.

ADMINISTRATION CENTRALE.	
Expéditionnaires........................	4/5
Concierges..............................	Totalité.

DÉSIGNATION DES EMPLOIS.	PROPORTIONS RÉSERVÉES.
CONSEIL D'ÉTAT ET COUR DE CASSATION.	
Commis expéditionnaires.....................	2/3
Concierges.................................	Totalité.
IMPRIMERIE NATIONALE.	
Commis expéditionnaires...................	1/2
Gardes-magasins...........................	1/2
Préposés aux livraisons et objets divers......	1/2
Concierges.................................	Totalité.
GRANDE CHANCELLERIE DE LA LÉGION D'HONNEUR ET MAISONS D'ÉDUCATION.	
Expéditionnaires ou commis................	Totalité.
Gardien chef et surveillants des hommes de peine................................	Totalité.
Concierges et portiers des maisons d'éducation.................................	Totalité.

Ministère de la Marine.

Nota. Les emplois portés au présent tableau ne sont affectés aux anciens sous-officiers de l'armée de terre ou de mer qu'autant que l'Administration de la Marine ne dispose pas, pour les occuper, d'un nombre suffisant d'anciens officiers mariniers.

DÉSIGNATION DES EMPLOIS.	PROPORTIONS RÉSERVÉES.
ADMINISTRATION CENTRALE.	
Commis expéditionnaires....................	3/4
Gardiens de bureau........................	3/4
AGENTS DU COMMISSARIAT.	
Commis de 4ᵉ classe.......................	1/2
DIRECTION DES TRAVAUX.	
Commis de 4ᵉ classe.......................	3/4
COMPTABLES.	
Commis de 4ᵉ classe.......................	3/4

Ministère des Travaux publics.

DÉSIGNATION DES EMPLOIS.	PROPORTIONS RÉSERVÉES.
ADMINISTRATION CENTRALE.	
Expéditionnaires...........................	Totalité.
Concierges.................................	Totalité.
PONTS ET CHAUSSÉES.	
Conducteurs des ponts et chaussées.........	1/4
Commis des ponts et chaussées.............	2/3
MINES.	
Contrôleurs des mines.....................	1/4
SERVICES DIVERS.	
Gardes de navigation......................	Totalité.
Maîtres et gardiens de phares.............	Totalité.
ÉCOLE DES PONTS ET CHAUSSÉES. ÉCOLE DES MINES.	
Commis expéditionnaires..................	Totalité.
Concierges.................................	Totalité.
ADMINISTRATION DES CHEMINS DE FER DE L'ÉTAT.	
Commis et comptables des services centraux et des inspections principales.................	3/4
Commis de la petite vitesse...............	1/2
Commis de la grande vitesse..............	3/4
Employés au télégraphe...................	3/4
Distributeurs des magasins................	1/2
Aides-préposés............................	3/4
Surveillants...............................	3/4
Gardiens de bureau.......................	Totalité.
Concierges.................................	Totalité.
Expéditionnaires..........................	Totalité.
Huissiers..................................	1/2
Commis d'ordre de gare...................	1/2
Commis d'ordre des dépôts................	1/2

DÉSIGNATION DES EMPLOIS.	PROPORTIONS RÉSERVÉES.
CHEMINS DE FER ALGÉRIENS DE L'ÉTAT.	
Commis....................................	1/2
Facteurs..................................	1/2
Gouvernement général de l'Algérie.	
ADMINISTRATION CENTRALE.	
Expéditionnaires ou commis...............	5/6
ADMINISTRATION PROVINCIALE, DÉPARTEMENTALE ET COLONIALE.	
Commis....................................	5/6
ENREGISTREMENT.	
Timbreurs, tourne-feuilles...............	Totalité.
CONTRIBUTIONS DIRECTES.	
Répétiteurs...............................	3/4
POSTES ET TÉLÉGRAPHES.	
Receveurs de bureaux......................	1/2
Commis d'exploitation.....................	2/3
Brigadiers facteurs.......................	1/2
Chefs surveillants (télégraphes)..........	3/4
Surveillants..............................	3/4
POIDS ET MESURES.	
Vérificateurs.............................	Totalité.
CONTRIBUTIONS DIVERSES.	
Commis ordinaires.........................	1/2
Porteurs de contraintes...................	Totalité.
Commis auxiliaires........................	Totalité.
POLICE.	
Commissaires de police des communes autres que le chef-lieu du département ou d'arrondissement...........................	1/3

DÉSIGNATION DES EMPLOIS.	PROPORTIONS RÉSERVÉES.
TOPOGRAPHIE.	
Commis....................................	Totalité.
TRÉSORERIE D'AFRIQUE.	
Commis de 5ᵉ classe.......................	1/2
FORÊTS.	
Préposés sédentaires......................	Totalité.
TRAVAUX PUBLICS.	
Conducteurs des ponts et chaussées........	1/2
Commis des ponts et chaussées.............	2/3
Contrôleur des mines......................	1/2
Préfecture de la Seine.	
ADMINISTRATION CENTRALE. — CAISSES MUNICIPALES ET MAIRIES DE PARIS.	
Commis expéditionnaires...................	3/4
Concierges de l'Hôtel de ville, de la caisse municipale et des mairies...............	Totalité.
DIRECTION DES AFFAIRES MUNICIPALES.	
Service de l'approvisionnement.	
Peseurs titulaires........................	Totalité.
Surveillants des entrepôts de Bercy........	Totalité.
Service des inhumations.	
Ordonnateurs des pompes funèbres..........	Totalité.
Gardes des cimetières.....................	Totalité.
SERVICE DES BOURSES.	
Sergents et brigadiers à la bourse des valeurs.	Totalité.
Surveillants à la bourse du travail.......	Totalité.
DIRECTION DES AFFAIRES DÉPARTEMENTALES.	
Brigadiers et gardes au palais de justice et au tribunal de commerce....................	Totalité.

DÉSIGNATION DES EMPLOIS.	PROPORTIONS RÉSERVÉES.	DÉSIGNATION DES EMPLOIS.	PROPORTIONS RÉSERVÉES.
DIRECTION DES TRAVAUX DE PARIS.		**Préfecture de police.**	
Piqueurs..........................	2/3		
DIRECTION DES SERVICES D'ARCHITECTURE, DES PROMENADES ET DES PLANTATIONS.		ADMINISTRATION CENTRALE.	
		Commis expéditionnaires............	3/4
		HALLES ET MARCHÉS.	
Gardes des bois de Boulogne, de Vincennes et des squares..................	Totalité.	Inspecteurs des ventes en gros	2/3
		BOURSE.	
OCTROI.		Gardes...................	Totalité.
Commis ambulants..................	3/4	NAVIGATION ET PORTS.	
Surveillants des entrepôts Saint-Bernard.....	Totalité.	Inspecteurs.......................	4/5
MONT-DE-PIÉTÉ.		MAISON DE RETRAITE DE VILLERS-COTTERETS ET MAISON DÉPARTEMENTALE DE NANTERRE.	
Sous-agents à la manutention.............	3/4		
Sous-agents aux écritures...............	1/2	Comptables	Totalité.
		Surveillants...................	1/2
ASSISTANCE PUBLIQUE.		Commis auxiliaires.................	Totalité.
Expéditionnaires et commis (y compris ceux des bureaux de bienfaisance)...........	Expédit. : 3/4 Commis : 1/2	MORGUE.	
		Commis greffiers...............	Totalité.
Commis d'agence du service extérieur des enfants assistés...........................	3/4	Gardiens	Totalité.

TABLEAU F.

EMPLOIS RÉSERVÉS AUX SOUS-OFFICIERS, BRIGADIERS ET CAPORAUX COMPTANT AU MOINS QUATRE ANS DE SERVICE ET AUX SIMPLES SOLDATS AYANT ACCOMPLI AU MOINS CINQ ANS DE SERVICE DANS LA CAVALERIE OU DANS L'ARTILLERIE DES DIVISIONS DE CAVALERIE.

NATURE DES EMPLOIS.	PROPORTIONS RÉSERVÉES.	NATURE DES EMPLOIS.	PROPORTIONS RÉSERVÉES.
Ministère des Affaires étrangères.		**Ministère de l'Agriculture.**	
Gardiens de bureau....................	4/5	ADMINISTRATION CENTRALE. — INSTITUT AGRONOMIQUE EÈ ÉCOLES DIVERSES.	
Courriers facteurs....................	4/5	Gardiens de bureau................(	3/4
NOTA. Le dernier cinquième est réservé à l'avancement du personnel subalterne figurant au tableau G.		NOTA. Le dernier quart est réservé à l'avancement du personnel subalterne figurant au tableau G.	

NATURE DES EMPLOIS.	PROPORTIONS RÉSERVÉES.
Ministère des Colonies.	
(Ces emplois sont, en principe, exclusivement réservés aux militaires de l'armée coloniale.)	
Commis de 3ᵉ classe des services civils de l'Indo-Chine	1/2
Commis de 4ᵉ classe des douanes et régies en Indo-Chine	1/2
Commis auxiliaires de 1ʳᵉ classe des douanes et régies en Indo-Chine	1/2
Commis auxiliaires de 2ᵉ classe des douanes et régies en Indo-Chine	1/2
Préposés auxiliaires de 1ʳᵉ classe des douanes et régies en Indo-Chine	1/2
Préposés auxiliaires de 2ᵉ classe des douanes et régies en Indo-Chine	1/2
Élèves géomètres du service du cadastre en Indo-Chine	1/2
Gardes forestiers stagiaires en Indo-Chine	3/4
Agents de 3ᵉ classe de la police administrative en Indo-Chine	1/4
Commis des affaires indigènes (Côte occidentale d'Afrique)	1/2
Commis de 2ᵉ classe des affaires civiles de Madagascar	1/2
Écrivains de 1ʳᵉ classe des affaires civiles de Madagascar	1/2
Commis de comptabilité de 2ᵉ classe de Madagascar	1/2
Commis de comptabilité de 3ᵉ classe de Madagascar	1/2
Garde de 4ᵉ classe de la police régionale de Madagascar	3/4
Garde de 2ᵉ classe de la police régionale au Congo	3/4
Garde principal de 2ᵉ classe au Dahomey	3/4
Préposés de 3ᵉ classe des douanes (Afrique occidentale et Madagascar)	3/4
Préposés de 3ᵉ classe des douanes (autres colonies)	3/3
Commis de 3ᵉ classe de l'administration pénitentiaire coloniale	3/4
Gardiens de bureau de l'administration centrale	3/4

NOTA. Le dernier quart est réservé à l'avancement du personnel subalterne visé au tableau G.

NATURE DES EMPLOIS.	PROPORTIONS RÉSERVÉES.
Ministère du Commerce, de l'Industrie, des Postes et des Télégraphes.	
ADMINISTRATION CENTRALE. — CONSERVATOIRE DES ARTS ET MÉTIERS. — ÉCOLE CENTRALE. — ÉCOLE D'HORLOGERIE DE CLUSES. — ÉCOLES D'ARTS ET MÉTIERS.	
Gardiens de bureau	4/5

NOTA. Le dernier cinquième est réservé à l'avancement du personnel subalterne visé au tableau G.

Sous-Secrétariat des Postes et des Télégraphes.

NATURE DES EMPLOIS.	PROPORTIONS RÉSERVÉES.
ADMINISTRATION CENTRALE.	
Gardiens de bureau	4/5

NOTA. Le dernier cinquième est réservé à l'avancement du personnel subalterne visé au tableau G.

POSTES.	
Facteurs à Paris	Totalité.
Facteurs de ville des départements	Totalité.

TÉLÉGRAPHES.	
Facteurs des départements	Totalité.

Ministère des Finances.

NATURE DES EMPLOIS.	PROPORTIONS RÉSERVÉES.
COUR DES COMPTES. — CAISSE DES DÉPÔTS ET CONSIGNATIONS. — ADMINISTRATION DES MONNAIES.	
Gardiens de bureau	4/5

NOTA. Le dernier cinquième est réservé à l'avancement du personnel subalterne visé au tableau G.

NATURE DES EMPLOIS.	PROPORTIONS RÉSERVÉES.
Ministère de la Guerre.	
ADMINISTRATION CENTRALE. — SERVICE GÉOGRAPHIQUE. — ÉCOLES MILITAIRES. — DIRECTIONS ET ÉTABLISSEMENTS DE L'ARTILLERIE ET DU GÉNIE. — SECTIONS TECHNIQUES. — ÉTABLISSEMENTS DU SERVICE DE SANTÉ. — ÉTABLISSEMENT DU SERVICE DE L'INTENDANCE.	
Gardiens de bureau......................	Totalité.
Nota. Le dernier cinquième est réservé à l'avancement du personnel subalterne visé au tableau G.	
POUDRES ET SALPÊTRES.	
Poudriers..............................	Totalité.
Gardiens de bureau....................	Totalité.
Ministère de l'Instruction publique et des Beaux-Arts.	
ADMINISTRATION. — INSTITUT. — MUSÉUMS. — ARCHIVES NATIONALES. — BIBLIOTHÈQUES. — ÉCOLE NORMALE SUPÉRIEURE. — ÉCOLE DES LANGUES ORIENTALES. — ACADÉMIE DE MÉDECINE. — COLLÈGE DE FRANCE. — ÉCOLE DES CHARTES. — OBSERVATOIRES. — FACULTÉS. — ÉCOLES SUPÉRIEURES. — MUSÉES. — MONUMENTS HISTORIQUES. — INSPECTIONS ACADÉMIQUES. — ÉCOLES DES BEAUX-ARTS ET DES ARTS DÉCORATIFS. — CONSERVATOIRE DE MUSIQUE. — MANUFACTURES (SÈVRES, GOBELINS, BEAUVAIS). — BÂTIMENTS CIVILS. — PALAIS NATIONAUX.	
Gardiens de bureau....................	4/5
Nota. Le dernier cinquième est réservé à l'avancement du personnel subalterne visé au tableau G. Lorsque ce personnel n'existe pas, la totalité des vacances est attribuée aux candidats militaires.	

NATURE DES EMPLOIS.	PROPORTIONS RÉSERVÉES.
Ministère de l'Intérieur et des Cultes.	
ADMINISTRATION CENTRALE. — ADMINISTRATION DES CULTES. — PRÉFECTURES ET SOUS-PRÉFECTURES. — ADMINISTRATION PÉNITENTIAIRE.	
Gardiens de bureau...................	4/5
Nota. Le dernier cinquième est réservé à l'avancement du personnel subalterne visé au tableau G.	
Gardiens, commis greffiers..............	Totalité.
Gardiens des maisons centrales et pénitenciers.	Totalité.
Gardiens de prisons, maisons cellulaires, etc.	Totalité.
Surveillants des colonies pénitentiaires......	Totalité.
Ministère de la Justice.	
ADMINISTRATION CENTRALE. — CONSEIL D'ÉTAT. — COUR DE CASSATION. — IMPRIMERIE NATIONALE. — GRANDE CHANCELLERIE DE LA LÉGION D'HONNEUR ET MAISON D'ÉDUCATION.	
Gardiens de bureau....................	4/5
Nota. Le dernier cinquième est réservé à l'avancement du personnel subalterne visé au tableau G.	
Ministère des Travaux publics.	
ADMINISTRATION CENTRALE. — ÉCOLE DES PONTS ET CHAUSSÉES ET DES MINES.	
Gardiens de bureau....................	4/5
Nota. Le dernier cinquième est réservé à l'avancement du personnel subalterne visé au tableau G.	
PONTS ET CHAUSSÉES.	
Cantonniers des routes nationales............	Totalité.

NATURE DES EMPLOIS.	PROPORTIONS RÉSERVÉES.
ADMINISTRATION DES CHEMINS DE FER DE L'ÉTAT.	
Rédacteurs, dessinateurs.....................	1/2
Piqueurs de la voie, chefs d'équipe.........	3/4
Chauffeurs de trains........................	1/2
Maître de chai..............................	Totalité.
Gouvernement général de l'Algérie.	
ADMINISTRATION CENTRALE. — ADMINISTRATION PROVINCIALE, DÉPARTEMENTALE ET COMMUNALE.	
Gardiens de bureau.........................	4/5
Nota. Le dernier cinquième est réservé à l'avancement du personnel subalterne visé au tableau G.	
POSTES ET TÉLÉGRAPHES.	
Facteurs receveurs.........................	Totalité.
Facteurs des télégraphes...................	Totalité.
Facteurs de ville..........................	Totalité.
SERVICE SANITAIRE.	
Gardes sanitaires..........................	Totalité.
TRAVAUX PUBLICS.	
Gardiens de phares et fanaux..............	Totalité.
POLICE.	
Inspecteurs et sous-inspecteurs de police....	1/2
PÊCHE CÔTIÈRE.	
Gardes maritimes..........................	Totalité.
TOPOGRAPHIE.	
Gardiens et garçons de bureau.............	Totalité.

NATURE DES EMPLOIS.	PROPORTIONS RÉSERVÉES.
Préfecture de la Seine.	
ADMINISTRATION CENTRALE. CAISSES MUNICIPALES. — MAIRIES.	
Agents du personnel de service (garçons de bureau, facteurs, gardiens).............	Totalité.
DIRECTION DES AFFAIRES MUNICIPALES.	
Facteurs à l'inspection des décès...........	Totalité.
Garçons de cabines des piscines municipales..	Totalité.
Piétons du service de l'assainissement et de l'habitation................................	Totalité.
Garçons de laboratoire, surveillants de nuit et piétons de service à l'observatoire de Montsouris.....................................	Totalité.
Concierges des établissements municipaux (autres que ceux figurant au tableau E)..	3/4
DIRECTION DES AFFAIRES DÉPARTEMENTALES.	
Gagistes du Palais de justice et du tribunal de commerce.................................	Totalité.
OCTROIS ET ENTREPÔTS.	
Agents du personnel de service (facteurs, magasiniers, etc.)........................	Totalité.
ASSISTANCE PUBLIQUE.	
Agents du personnel de service (gardiens de bureau, etc.).............................	Totalité.
Préfecture de police.	
ADMINISTRATION CENTRALE. — COMMISSARIATS DE POLICE. — LABORATOIRE DE TOXICOLOGIE.	
Garçons de bureau.........................	4/5
Nota. Le dernier cinquième est réservé à l'avancement du personnel subalterne visé au tableau G.	
POLICE MUNICIPALE.	
Inspecteurs................................	

TABLEAU G.

EMPLOIS RÉSERVÉS AUX MILITAIRES NON GRADÉS COMPTANT AU MOINS QUATRE ANS DE SERVICE.

NATURE DES EMPLOIS.	PROPORTIONS RÉSERVÉES.	NATURE DES EMPLOIS.	PROPORTIONS RÉSERVÉES.
Ministère des Affaires étrangères.		**Ministère du Commerce, de l'Industrie, des Postes et des Télégraphes.**	
Personnel subalterne permanent (autre que les gardiens de bureau et les courriers facteurs)	Totalité.	ADMINISTRATION CENTRALE. — CONSERVATOIRE DES ARTS ET MÉTIERS. — ÉCOLE CENTRALE. — ÉCOLE D'HORLOGERIE DE CLUSES. — ÉCOLES D'ARTS ET MÉTIERS.	
Ministère de l'Agriculture.		Personnel subalterne permanent (autre que les gardiens de bureau)...............	Total…
Personnel subalterne permanent (autre que les gardiens de bureau)..............	Totalité.	**Sous-Secrétariat des Postes et Télégraphes.**	
DIRECTION DE L'AGRICULTURE.		ADMINISTRATION CENTRALE.	
Institut agronomique. — Écoles nationales d'agriculture. — Écoles nationales d'horticulture. — Écoles pratiques d'agriculture. — Fermes-écoles. — Bergeries nationales. — Écoles vétérinaires.		Personnel subalterne permanent (autre que les gardiens de bureau)...............	Total…
Personnel subalterne permanent...........	Totalité.	POSTES ET TÉLÉGRAPHES.	
DIRECTION DE L'HYDRAULIQUE AGRICOLE.		Facteurs locaux et ruraux................	Total…
Agents inférieurs.....................	Totalité.	**Ministère des Finances.**	
DIRECTION DES HARAS.		ADMINISTRATION CENTRALE. — COUR DES COMPTES. — CAISSE DES DÉPÔTS ET CONSIGNATIONS. — ADMINISTRATION DES MONNAIES.	
Haras et dépôts d'étalons : palefreniers de 2e classe.........................	Totalité.	Personnel subalterne permanent (autre que les gardiens de bureau)...............	Total…
DIRECTION DES EAUX ET FORÊTS.		DOUANES.	
Gardes domaniaux.....................	Totalité.	Préposés	Total…
Gardes cantonniers....................	Totalité.	CONTRIBUTIONS INDIRECTES.	
Gardes communaux....................	Totalité.	Receveurs buralistes de 2e classe..........	Total…
Ministère des Colonies.		MANUFACTURES.	
Surveillants militaires de 3e classe de l'administration pénitentiaire coloniale..........	Totalité.	Ouvriers titulaires....................	Total…
Personnel subalterne de l'administration centrale (autre que les gardiens de bureau)...	Totalité.		

NATURE DES EMPLOIS.	PROPORTIONS RÉSERVÉES.
Ministère de la Guerre.	
INISTRATION CENTRALE. — SERVICE ÉOGRAPHIQUE. — HÔTEL DES INVALIDES. — DIRECTION ET ÉTABLISSEMENTS DE L'ARTILLERIE ET DU GÉNIE. — SECTIONS TECHNIQUES. — ÉTABLISSEMENTS DU SERVICE DE SANTÉ. — ÉTABLISSEMENTS DU SERVICE DE L'INTENDANCE. — ÉCOLES MILITAIRES.	
onnel subalterne permanent (autre que s gardiens de bureau)................	Totalité.
iniers des corps de troupes...........	Totalité.
armes à cheval	Totalité.
Nota. A défaut de militaires de l'armée terre, ces emplois pourront être donnés des marins rengagés.	
Ministère de l'Instruction publique et des Beaux-Arts.	
INISTRATION CENTRALE. — INSTITUT. — MUSÉUMS. — ARCHIVES NATIONALES. — BIBLIOTHÈQUES. — ÉCOLE NORMALE SUPÉRIEURE. — ÉCOLE DES LANGUES ORIENTALES VIVANTES. — ACADÉMIE DE MÉDECINE. — COLLÈGE DE FRANCE. — ÉCOLE DES CHARTES. — OBSERVATOIRES. — FACULTÉS. — ÉCOLES SUPÉRIEURES. — MUSÉES. — MONUMENTS HISTORIQUES. — INSPECTIONS ACADÉMIQUES. — ÉCOLE DES BEAUX-ARTS ET DES ARTS DÉCORATIFS. — CONSERVATOIRE DE MUSIQUE. — MANUFACTURES (SÈVRES, GOBELINS, BEAUVAIS). — BÂTIMENTS CIVILS. — PALAIS NATIONAUX. — SERVICE DES JARDINS. — SERVICE DES EAUX (VERSAILLES, MARLY, MEUDON, SAINT-CLOUD. — GARDE-MEUBLE.	
sonnel subalterne permanent (autre que es gardiens de bureau)...............	Totalité.

NATURE DES EMPLOIS.	PROPORTIONS RÉSERVÉES.
Ministère de l'Intérieur et des Cultes.	
ADMINISTRATION CENTRALE. — ADMINISTRATION DES CULTES. — PRÉFECTURES ET SOUS-PRÉFECTURES.	
Personnel subalterne permanent (autre que les gardiens de bureaux).............	Totalité.
ÉTABLISSEMENTS NATIONAUX ET DÉPARTEMENTAUX DE BIENFAISANCE.	
Personnel subalterne permanent : préposés de toutes catégories, infirmiers, cochers, etc.	Totalité.
ÉTABLISSEMENTS THERMAUX DE L'ÉTAT.	
Personnel subalterne permanent...........	Totalité.
POLICE SANITAIRE MARITIME.	
Agents, sous-agents, surveillants, gardes, etc.	Totalité.
SÛRETÉ GÉNÉRALE.	
Agents de police de l'agglomération lyonnaise.	5/6
Gardiens de la paix à Lyon (à pied et à cheval)...............................	5/6
Ministère de la Justice.	
ADMINISTRATION CENTRALE. — CONSEIL D'ÉTAT. — COUR DE CASSATION. — IMPRIMERIE NATIONALE. — GRANDE CHANCELLERIE DE LA LÉGION D'HONNEUR ET MAISON D'ÉDUCATION.	
Personnel subalterne permanent (autre que les gardiens de bureau)...............	Totalité.
Ministère des Travaux publics.	
PONTS ET CHAUSSÉES.	
Cantonniers du service vicinal.............	Totalité.
Services divers : éclusiers, pontiers, barragistes, mécaniciens, chauffeurs, graisseurs, etc.............................	Totalité.

NATURE DES EMPLOIS.	PROPORTIONS RÉSERVÉES.	NATURE DES EMPLOIS.	PROPORTIONS RÉSERVÉES.
ADMINISTRATION CENTRALE. — ÉCOLES DES PONTS ET CHAUSSÉES ET DES MINES.		**PRISONS. — MAISONS CENTRALES.**	
Personnel subalterne permanent (autre que les gardiens de bureau)...............	Totalité.	Gardiens concierges	3/4
		Gardiens de prisons annexes................	3/4
ADMINISTRATION DES CHEMINS DE FER DE L'ÉTAT.		**DOUANES.**	
Gardes-freins. — Pointeurs. — Ouvriers lampistes.......................	3/4	Préposés actifs........................	Totalité.
Facteurs. — Surveillants électriciens. — Surveillants balanciers. — Visiteurs........	1/2	**POSTES ET TÉLÉGRAPHES.**	
Tonneliers. — Hommes d'équipe. — Poseurs.	Totalité.	Facteurs locaux et ruraux................	Totalité.
CHEMINS DE FER ALGÉRIENS DE L'ÉTAT.		**FORÊTS.**	
Gardes-freins.........................	3/4	Préposés actifs........................	Totalité.
Visiteurs. — Hommes d'équipe. — Poseurs. — Gardiens......................	Totalité.		

Gouvernement général. de l'Algérie.

Préfecture de police.

NATURE DES EMPLOIS.	PROPORTIONS RÉSERVÉES.	NATURE DES EMPLOIS.	PROPORTIONS RÉSERVÉES.
ADMINISTRATION CENTRALE. — ADMINISTRATION PROVINCIALE, DÉPARTEMENTALE ET COLONIALE.		**ADMINISTRATION CENTRALE. — COMMISSARIATS DE POLICE. — LABORATOIRE DE TOXICOLOGIE.**	
Personnel subalterne permanent (autre que les gardiens de bureau)...............	Totalité.	Personnel subalterne permanent (autre que les garçons de bureau)...............	Totalité.
POLICE.		**COMMISSARIAT DE POLICE DANS LA BANLIEUE.**	
Agents français.......................	3/4	Sergents de ville......................	5/6
		POLICE MUNICIPALE.	
		Gardiens de la paix...................	5/6

Un droit de préférence est attribué aux militaires ayant accompli au moins quatre ans de service dans la cavalerie ou l'artillerie des divisions de cavalerie pour les emplois suivants :

Palfreniers de 2e classe dans les harres (Ministère de l'agriculture).

Gendarmes à cheval (y compris la garde républicaine à cheval) [Ministère de la guerre].

Cantiniers des corps de troupes de cavalerie et d'artillerie à cheval (Ministère de la guerre).

Receveurs buralistes de 2e classe des contributions indirectes (Ministère des finances).

IMPRIMERIE NATIONALE. — 250-138-1912.

www.ingramcontent.com/pod-product-compliance
Ingram Content Group UK Ltd.
Pitfield, Milton Keynes, MK11 3LW, UK
UKHW021434090726
13657UKWH00003B/1087